Trutz Hardo

Das Phänomen des Zufalls

Trutz Hardo

DAS PHÄNOMEN DES ZUFALLS

Die Signale des Lebens entschlüsselt

SILBERSCHNUR VERLAG

MIX
Papier aus verantwortungsvollen Quellen
FSC® C014138

ISBN: 978-3-89845-524-4

1. Auflage 2016

Gestaltung & Satz: XPresentation, Güllesheim
Umschlaggestaltung: XPresentation, Güllesheim; unter Verwendung eines Motivs von ©omtatsat graphic, www.shutterstock.com
Druck: Finidr, s.r.o. Cesky Tesin

Verlag »Die Silberschnur« GmbH · Steinstraße 1 · D-56593 Güllesheim
www.silberschnur.de · E-Mail: info@silberschnur.de

Inhalt

Einleitung

Der Zufall ist das Pseudonym,
das der liebe Gott wählt,
wenn er inkognito bleiben will.

Albert Schweitzer

Sicherlich sind Sie auch schon oft über die sogenannten "Zufälle" gestolpert und haben sich vielleicht darüber verwundert. Sie gehen durch die Stadt und denken ganz intensiv an jemanden, zum Beispiel an Ihre Schulfreundin Inge aus der Nachbarstadt, die Sie schon lange nicht mehr gesehen haben - und plötzlich kommt sie Ihnen unerwartet entgegen. Sie mögen ihr sagen: "Das ist aber eine Überraschung! Wie schön, dass wir uns zufällig begegnen. Ich hatte gerade an dich gedacht." Und sie mag entgegnen: "Das ist ja eigenartig. Ich hatte auch vor wenigen Minuten noch an dich gedacht und hoffte, dich irgendwann einmal irgendwo wiederzutreffen." Solche angenehmen Überraschungsbegegnungen können sich hin und wieder in unserem Leben ereignen. Wir nehmen sie fast als etwas Selbstverständliches und Erfreuliches hin, ohne uns weiter Gedanken darüber zu machen. Doch wenn Sie sich nun mit der Person in ein Café setzen und unterhalten, kommen Sie vielleicht auch auf das Thema Gesundheit zu sprechen. Sie benötigen dringend eine Hörhilfe. Und die Schulfreundin sagt: "Ich bin zufällig Sprechstundenhilfe bei einem

Ohrenarzt. Wir haben vor ein paar Wochen aus Dänemark das neueste und beste Hörgerät bekommen." Sie: "Das ist bestimmt teuer. Das kann ich mir nicht leisten." Aber Inge entgegnet: "Wir haben dieses Gerät gratis zum Austesten erhalten. Ich kann dir dieses Probestück für einen Spottpreis vermitteln. Im Geschäft müsstest du dafür jetzt dreitausend Euro zahlen. Komm doch in den nächsten Tagen in unsere Praxis. Ich stelle dir dann den Arzt vor. Dir als meiner besten Schulfreundin wird er dieses schon getestete Hörgerät bestimmt gerne günstig verkaufen." Was für ein Zufall! Oder Sie werden denken: 'Was für ein Glück, dass ich Inge begegnet bin.' Sie mögen diesen doppelten Zufall als ein schönes und zufälliges Geschenk hinnehmen, doch als Sie am nächsten Tag in der Praxis dem Arzt vorgestellt werden, stellen Sie erstaunt fest, dass Sie sich von früher kennen, Sie hatten sich sogar ineinander verliebt und er war Ihr erster Liebhaber gewesen. Doch als er dann zum Studium nach Amerika ging, haben Sie sich aus den Augen verloren. Und er umarmt Sie zum Erstaunen von Inge und nennt Ihren Namen. Welch ein Zufall! Er schenkt Ihnen nun auch das Hörgerät. Sie verabreden sich zu einem Abendessen in einem Nobelrestaurant in Ihrer Stadt – und auf dem Nachhauseweg mögen Sie in der Bahn darüber nachdenken, wie sich alles so zufällig aneinandergereiht hat. Sie stehen vor einem Wunder. Und wenn Sie an diesen Arzt denken, schlägt Ihr Herz schneller. Er war Ihre große Liebe, an die Sie sich noch oft erinnert haben. Sie hatten darüber nachgedacht, wo er jetzt wohl leben könnte und ob er schon verheiratet sei und Kinder habe. Und bei weiteren Abendessen gesteht er Ihnen, dass er sich bisher noch nie für eine Ehefrau entscheiden konnte, da er immer noch an Sie gedacht habe, denn Sie seien seine große Liebe gewesen. Und – na was wohl? Sie beide verlieben sich wieder und heiraten. Jawohl. Das kommt einem wie ein Märchen vor, denn auch in den Märchen wimmelt es nur so von Zufällen. Man denke nur an *Hans im*

Glück. Und ist das Leben nicht oft wie ein Märchen? Werden Sie sich einen Reim darauf machen können, wie alles arrangiert wurde und von wem? Wer hat dafür gesorgt, dass Sie Ihren Traummann, den Sie als verloren glaubten, durch aneinander gekettete Zufälle wiedergetroffen haben? Ein Tiefgläubiger würde jetzt Gott danken, der alles in die Wege geleitet hat. Aber wer sind diese Schicksalsbeziehungsweise Zufallsbereiter, die wir für Gott halten? Dieser Frage geht dieses Buch nach. Bleiben Sie gespannt.

Aber ich werde Ihnen auch vieles über jene Zufälle erzählen, die mir im Leben begegnet sind und die mich schließlich auf die Idee gebracht haben, Zufälle nicht als etwas Gegebenes hinzunehmen, sondern sie zu hinterfragen, um womöglich auch herauszubekommen, wer diese Zufallsbereiter eigentlich sind. So werde ich oft auf Persönliches kommen, Ihnen aber versprechen, Sie nicht damit zu langweilen.

Im Jenseits wurde ich auf meine Aufgabe vorbereitet. Ich sollte wieder Schriftsteller werden, der der stagnierenden Literatur ganz neue Wege und Darstellungsweisen vorstellen sollte. Auch sollte ich Reinkarnationslehrer und Rückführungstherapeut werden, um den Menschen neue Wege der Heilung für das neue Jahrtausend vorzustellen. Mit einem Team von Schriftstellern und einem Team von Ärzten und Heilern wurde mein Lebensweg als Doppelagent geplant. Sie würden mir aus der höheren Welt helfen, meine Erdenmission trotz vieler Umwege und Anfeindungen erfolgreich zu gehen. Und wie sie mich geleitet und durch Zufallserlebnisse aufgeklärt haben, davon möchte ich Ihnen jetzt – falls Sie Lust haben, das zu lesen – berichten.

Mit meinen Schriftstellerfreunden im Jenseits hatte ich mir ausgedacht, mich als irdischen Schriftsteller in einem nicht zu übersehenden Rahmen auf die Erde kommen zu lassen. So wurde ich in Eisenach in der Schillerstraße geboren, und zwar am 23. April

1939. Es ist der Todes- und wahrscheinlich auch der Geburtstag von William Shakespeare, und dieser Tag sollte später zum “Welttag des Buches” erhoben werden. Und ich wurde der Sohn eines späterhin bekannten Dichters mit dem Pseudonym Molar. Konnte man sich etwas Besseres aussuchen für einen zukünftigen Schriftsteller? Natürlich hat es eine lange Zeit gebraucht, bis ich diese Zusammenhänge nach und nach durch Zufälle entdeckte. Denn es ist auch kein Zufall, dass Mozart in die Familie eines Musikers geboren wurde, der ihn von Kind auf für seine Mission als großer Musiker vorbereitete, so dass er schon in sehr jungen Jahren Violine und Klavier spielen konnte und sogar noch im frühesten Knabenalter die ersten Beweise seines Kompositionstalentes präsentierte. Doch außer dem frühen Musikunterricht bei seinem Vater hatte er sein Talent als Musiker aus einem vorausgegangenen Leben mitgebracht. Einige meinen, er könnte die Wiedergeburt von Johann Sebastian Bach (1685-1750) sein, andere neigen dazu, dass er das mit sechsundzwanzig Jahren allzu früh verstorbene Genies Giovanni Battista Pergolesi (1710-1736) sei, der in gewisser Weise mit seinem berühmten *Stabat Mater* schon Mozarts Musik einläutete.

Nach dem Tod meiner Mutter (1944) kamen wir als Flüchtlinge auf Umwegen über Internate und die Unterbringung bei fremden Familien nach Meersburg am Bodensee, wo wir in Baracken wohnten. Meersburg ist die Stadt von Deutschlands berühmtester Dichterin Annette von Droste-Hülshoff. Wurde mein Vater deshalb dorthin geführt, um dort seine Gedichte zu schreiben? Und war es Zufall, dass er bei solch einer Zugfahrt eine Baronin traf, der er ein Gedicht übergab und die ihn fragte, warum er Bastschuhe verkaufe, statt den Reisenden seine Gedichte anzubieten? Von da an verteilte er in den Zügen durch ganz Westdeutschland seine Gedichte und verdiente für damalige Verhältnisse überdurchschnittlich gut. Und ich war es, der in der Baracke seine Gedichtbögen ineinanderlegte, die er dann in großen Stapeln mit auf seine ausgedehnten Reisen nahm, um sie in den Zügen als *Festliche Gabe* zu verkaufen. Er war sicherlich der erste Dichter, der mit seinen Gedichten eine vielköpfige Familie ernährte. Und ich war sein Dichterlehrling. Ich schrieb damals in der Schulklasse auf mein Löschblatt: "Bewahre stets den Namen dein, denn was du bist, das sollst du sein." Das war mein erster gereimter Spruch. Er schrieb sich ganz plötzlich von alleine nieder. Ich wusste nicht, was er zu bedeuten hatte. Erst später wurde mir klar, dass ich meinen Vornamen als Dichterpseudonym annehmen sollte. Wer hatte mir diesen Satz diktiert? War es ein Zufall?

Die letzten fünf Jahre vor meinem Abitur verbrachte ich auf dem Inselgymnasium der Nordseeinsel Wangerooge. Und mit sechzehn oder siebzehn mochte es passiert sein, dass ich nachts aufwachte, aus meiner Schultasche ein Heft hervorholte und mein erstes Gedicht aufschrieb, das mir eingegeben wurde.

Dem Unbesiegbaren

Oh Meer,
wie sehr
ich dich liebe.

Meine Triebe
verflüchten
vor dir,

wenn ich steh
und seh
deine Gewalt.

Keine Gestalt
kann befehlend
dich zwingen.

Das Siegen gewohnt,
schonst du
keinen Gegner.

Wenn ein Verwegner
dir trotzt,
so muss er bereu'n.

Niemals brauchst du
zu fürchten
die Kräfte des andern.

Was dir gehört,
bleibt ungestört
in deiner Mitte.

Was ich erbitte,
ist kein Sieg.
Es ist ein Schau'n,

ein Grau'n
vor allein
dem Unbesiegbarsein.

Ich schrieb es gedankenlos wie in einer Halbtrance bei Dunkelheit auf, um die anderen beiden Klassenkameraden in ihren Betten nicht aufzuwecken. Und von nun an geschah es bis in meine frühe Studentenzeit hinein, dass ich nachts schlaftrunken aufwachte mit dem inneren Aufruf, ein Gedicht aufzuschreiben, das mir diktiert wurde, weshalb ich immer schon einen Schreibblock und einen Kugelschreiber neben meinem Bett liegen hatte. Lange dachte ich, dass mein Unterbewusstsein mich die Gedichte aufschreiben ließ. Doch schon mit achtzehn gelangte ich in eine nihilistische Phase, die mich an meinem Dasein und dem Leben zweifeln ließ. Ich verfiel in heftige Depressionen, aus denen es nur einen Ausweg zu geben schien: den Selbsttod. Und die Gedichte, die ich in dieser etwa drei Jahre anhaltenden Phase in den Nächten durchbekam, waren Schmerzensschreie, ja sogar Selbstmordgedichte. Konnten diese mir auch aus höheren Quellen zugefallen sein? Oder war es doch eher meine Seele, die sich kundtat? Wenn ja, weshalb? Schließlich hatte ich diese Schreckensphase überwunden. Und so schrieb ich nachts ein Gedicht auf, das folgendermaßen lautete:

Vielleicht werd ich mal wissen,
was durch die Lüfte spricht,
und seh mit Wonnegüssen
das Licht,
das meine Seele bricht.[1]

Damals wusste ich noch nicht, wer mir diese Gedichte zufällig durchgegeben hatte. Doch kehrte nun eine Wende ein. Ich durfte die große Liebe zu einer Medizinstudentin erfahren - und dann auch den bittersten Liebesschmerz,[2] der mich schließlich, um diesen zu überwinden, den Rucksack packen ließ, um die Welt per Anhalter zu bereisen. Es war alles genau so vorgesehen gewesen - auch dass diese Liebe, um den Wert der Liebe zu begreifen, ein Ende nehmen sollte. So konnte ich auch, wie von mir im Jenseits gewünscht, mein Vorhaben, die ganze Welt zu umrunden, angehen. Es war also kein Zufall, dass meine Geliebte sich einem anderen zuwendete. Unser Geistführer sorgt dafür, dass wir nach Möglichkeit unsere geplanten Ziele auch einhalten. Später erst sollte ich aus höherer Quelle erfahren, dass alle intensiven Liebesbande, ob sie von kurzer oder von langer Dauer sind, schon vor der Inkarnation genau geplant werden. Mit dem entsprechenden Partner ist die Begegnung schon abgemacht, so dass man sich plötzlich irgendwo begegnet und aufeinander zugeht. Man trifft nicht zufällig irgendjemanden, auch wenn es so scheinen mag. Aber noch war ich nicht hellhörig genug, was die vielen Zufälle, die uns im Leben begegnen, zu bedeuten haben. Das sollte noch eine ganze Weile dauern.

Doch in den nächsten Jahren - vor allem auf meiner fünfeinhalbjährigen Weltreise als Tramper und während der zweieinhalbjährigen Durchquerung Afrikas per Anhalter - klärte sich vieles auf. Und es bedurfte vier ganz spezieller Zufälle, um dem auf die Spur zu kommen, der mir diese Zufälle präsentierte.

Wie ich durch Zufälle einige Geheimnisse lüften durfte

Ich stand als Achtundzwanzigjähriger auf meiner Trampreise um die Welt üblicherweise meist schon am frühen Morgen an der Ausfahrtstraße eines Ortes, um die ersten Lastwagen anzuhalten. So befand ich mich auch eines frühen Morgens in Indien an der südlichen Ausfahrtstraße von Poona und hielt meine rechte Hand hoch, um einen der vorbeifahrenden Lastwagen anzuhalten. Warum hatte noch keiner angehalten? An mir lief eine Gruppe von weiß gekleideten Männern vorbei, die, mit einem weißen Mundschutz versehen, in der Hand einen weißen Beutel trugen, während auf der anderen Körperseite ein kleiner Besen baumelte. Dann kam wieder solch eine Gruppe von etwa fünf Männern vorbei - und dann noch eine Gruppe von ebenso gekleideten Frauen. Schließlich fragte ich einen neben mir Stehenden, ob es hier irgendwo eine Seuche gebe, die diese Leute bekämpfen sollten. Aber er entgegnete, dass dies Mönche und Nonnen der Jains, einer indischen Religionsgemeinschaft, seien. Da ich nun mehr über die Jains beziehungsweise Jainas, wie sie von Indern genannt werden, wissen wollte, schlug er mir vor, mich zu deren Anführer, Seiner Heiligkeit Archaria Sri Tulsi, zu bringen. Bei ihm angekommen, kniete ich mit auf meiner Brust gefalteten Handflächen nieder und gab ihm zu verstehen, dass ich gerne mehr über die Jainas wissen wolle. Er winkte einen Mönch herbei, der übersetzen sollte - wie ich erfuhr, war er ein ehemaliger Professor. Er sagte mir, dass sie nun weiterziehen müssten, gingen sie doch jeden Tag etwa fünfzehn Kilometer auf ihrem langen Marsch durch ganz Indien. Ich könne sie aber, wie er mir sagte, begleiten, und er werde die Unterhaltung übersetzen. Wer hatte es arrangiert, dass ich auf einmal neben einer in ganz Indien berühmten Heiligkeit auf dem heißen Teerpflaster gehen durfte und ihm viele Fragen stellen konnte? Damals hielt ich dieses Ereignis noch nicht für höhere Einmischung.

Ich erlebte viel bei den Jainas und übersetzte auch Schriften Seiner Heiligkeit vom Englischen ins Deutsche. Und mir wurde erklärt, dass sie nie ein Tier töten würden, selbst keinen Moskito. Wenn sie sich bei Dunkelheit niedersetzen, muss zuerst der Boden unter ihnen gefegt werden, damit man sich nicht zufällig auf ein Insekt setzt. Und das weiße Tuch vor dem Mund soll sie davon abhalten, dass sie aus Versehen eine Fliege verschlucken. Nur zum Essen und Trinken klappen die Mönche und Nonnen ihre Mundbedeckung kurz nach oben. Und ihre Anhänger, die oft tagelang mit ihnen marschieren, nehmen immer ihre Hand vor den Mund, sobald sie sich mit ihnen unterhalten, um ebenfalls Ahimsha zu demonstrieren, also Gewaltlosigkeit in jeder Hinsicht, auch Mücken und Fliegen gegenüber. Ich fand es albern und sprach, ohne die Hand vor den Mund zu nehmen, mit ihnen, weshalb ich von einigen Jainasanhängern empört angesehen wurde.

Ein halbes Jahr vor meinem Abflug kniete ich in Madras vor Seiner Heiligkeit nieder, um zum Abschied seinen Segen zu bekommen. Und was passierte? Sie werden es nicht glauben. Ich hatte in diesem Augenblick eine Fliege auf meiner Zunge. Hätte ich sie jetzt herausgenommen, hätte der Acharia lächelnd seine Hände ausgebreitet, um zu sagen: "Nun weißt du, warum wir den Mund bedeckt halten. Denn wir wollen nie ein Tier töten, selbst eine Fliege nicht."

Und was machte ich in meiner Verlegenheit? Was hätten Sie an meiner Stelle getan? Ich schluckte die Fliege hinunter. Es war bis dahin das einzige Mal in meinem Leben, dass ich eine Fliege im Mund hatte. Warum gerade in jenem Augenblick? Wer hatte mir diese Fliege wohl in den Mund gezaubert? Oder war sie wirklich nur aus Versehen zufällig dort hineingeflogen, um zu sehen, ob auf meiner Zunge etwas Leckeres zu naschen sei? Aber dass sich dieser Zufall ausgerechnet bei der letzten Begegnung mit Seiner Heiligkeit ereignete ... Wie hoch schätzen Sie die Wahrscheinlichkeit ein? Das gab mir noch lange zu denken. Noch glaubte ich nicht an die Möglichkeit, dass unsichtbare Geister der Jainas diesen Zufall demonstrierten, um mir eine Lektion zu erteilen.[3]

Ich nannte mich schon längst Tom, da mein deutscher Vorname für Ausländer oft sehr schwer auszusprechen oder zu behalten war. Aber dieses Zufallsereignis in Indien sollte drei Jahre später in Kanada noch getoppt werden. Denn einem ungläubigen Thomas, der ich in vielem noch war, muss man mehrere Zufallsereignisse präsentieren, bis er zu einem gläubigen Thomas heranreift. Und diesen neuen Vornamen Tom hatte ich mir (zufällig?) aus Verehrung für Thomas Mann ausgesucht und weil ich ein zweifelnder Thomas war, der erst dann etwas als bewiesen ansah, wenn er es selbst erlebt hatte. Drei Jahre später[4] stand ich in Alaska bei Nieselregen an dem damals teilweise noch ungepflasterten Highway, der über zweitausend Kilometer durch das kanadische Yukon nach Alberta führte. An einer Brücke stehend, unter der ein reißender Fluss dahinströmte, hatte ich Glück, dass mich ein junges Brüderpaar über die durch den immer stärkeren Regen glitschig gewordene Straße mitnahm. Und einige Stunden später hörten wir im Radio, dass jene Brücke eingestürzt war. Sie setzten mich in Edmonton ab, wo ich von Hippies ein leer stehendes Haus als Unterkunft empfohlen bekam. Und nun ereignete sich der Zufall meines Lebens ... Können Sie mir noch folgen?

Am nächsten Tag ging ich durch die Stadt. Auf dem gegenüberliegenden Bürgersteig lief ein junger bärtiger Mann. Ich blieb stehen und rief ihn auf Französisch an: "Hey, Jacques, comment ça va?", da ich unwillkürlich an einen Franzosen dachte, mit dem ich einige Zeit auf Bali verbracht hatte. Der Mann blieb stehen. Aber als ich auf die andere Straßenseite ging, sah ich, dass ich einem vollkommen anders aussehenden Mann entgegenschritt. Jacques war blond, jener aber dunkelhaarig. Jacques war rasiert, jener trug aber einen dunklen Bart und war darüber hinaus auch noch um einen halben Kopf kleiner als mein Freund. Ich entschuldigte mich und sagte, dass ich ihn mit einem Franzosen verwechselt habe. Er entgegnete, dass er Franzose sei. Ich erklärte ihm weiterhin, dass ich an einen Franzosen namens Jacques gedacht habe, mit dem ich in Bali in einem Zimmer gewohnt hatte. Und er antwortete: "Das ist mein bester Freund. Ich kam wohl nach dir nach Bali, und er hat mir von dem deutschen Tramper erzählt. Ich komme gerade aus Paris. Jacques hat geheiratet, und ich war sein Trauzeuge." War das nicht ein ungeheurer Zufall? Ich sprach einen wildfremden Mann an und dann ... Ist Ihnen schon einmal etwas Ähnliches passiert? Wohl kaum.

Als ich meine Weltreise nach fünfeinhalb Jahren wegen einer schweren Erkrankung abbrechen musste und zurück nach Deutschland transportiert wurde, nahm ich mir vor, nach meiner Referendarzeit an einem Berliner Gymnasium als Deutsch- und Geschichtslehrer meine in Afrika unterbrochene Trampreise fortzusetzen.[5] Eine Kollegin gab mir, dem allen Übernatürlichen gegenüber ungläubig Eingestellten, ein spirituelles Buch von Arthur Ford, ein amerikanischer Pfarrer und Medium, zu lesen. Ich las dieses Buch, wobei ich mich fragte, was daran so interessant sein sollte. Dieses Medium setzte sich in Kirchen oder Gemeindesälen vor die Versammelten hin, schloss die Augen und ließ durch sich einen Geistführer namens Fletcher sprechen. Nach einigen Durchsagen und der Beantwortung von Fragen aus dem Publikum fragte Mr. Ford, wer mit einem Verstorbenen in Kontakt treten wolle. "Wer von Ihnen", so fragte er, "ist Bürgermeister, Lehrer, Polizist oder Arzt, also eine Person, von der man annehmen kann, dass sie sich vorher nicht mit mir abgesprochen hat?" Es meldete sich ein Polizist, der auf die Bühne gebeten wurde. Nachdem dieser nach dem Namen und dem Todesjahr der verstorbenen Person gefragt worden war, sagte Fletcher, dass dieser Onkel schon neben ihm stehe. Um einen Beweis zu erhalten, dass es sich wirklich um seinen Onkel handelte, fragte der Polizist den Unsichtbaren, ob er ihm sagen könne, was er als Fünfjähriger mit ihm auf einem Spaziergang erlebt habe, wonach beide sich das Versprechen gegeben hatten, zu Hause nicht die Wahrheit zu sagen. Und der Onkel beschrieb, dass sie unter einem Kirschbaum angekommen seien. Auf die Bitte des Jungen hin habe er ihn hochgehoben, um an die oben hängenden Kirschen zu kommen. Doch beim Klettern brach ein Ast und der Junge fiel herunter, wobei er sich den Fuß verstauchte, so dass er nach Hause getragen werden musste. Ich konnte es nicht glauben, dass ein Geist einem Irdischen einen Beweis geben konnte, und zweifelte noch daran, dass es Geister, Jenseits und Reinkarnation geben sollte. Das waren doch alles nur Erfindungen von leichtgläubigen, unkritischen Menschen. Ich konnte nur das als wahr annehmen, was ich selbst erfahren hatte. So legte ich das Buch zur Seite und flüsterte in den Raum hinein: "Wenn es euch Geister wirklich geben sollte, dann klopft dreimal." Ich wartete einige Augenblicke. Ich wusste ja, es gibt keine Geister. Jedoch wiederholte ich die geflüsterte Bitte. Und mit einem Mal klopfte es an der Tür meiner Wirtin, und sie rief im Schlaf: "Herein!" Es gab für mich keinen Zweifel, dass wirklich geklopft worden war und dass ich die Stimme der Wirtin deutlich vernommen hatte. Jetzt hatte ich meinen ersten Beweis, dass Geister sich bemerkbar machen können. Dieses Erlebnis änderte mit einem

Schlag mein Denken und bereitete mich vor für meine Afrikareise. Ich war nun offen für all das Übernatürliche, was ich erleben sollte. Dieses Erlebnis war kein Zufallserlebnis, denn es war von höherer Seite geplant gewesen - so wie alles, was noch auf dieser "Reise zu den Geistern Afrikas" und auf der "Reise ins spirituelle Afrika" von mir erlebt werden sollte.[6]

Als ich auf meiner Trampreise durch Afrika nach Nairobi kam, suchte ich eine Buchhandlung auf, um mich mit neuen Büchern zu versorgen. In dem Fach für spirituelle Literatur nahm ich bis auf ein in Rot gebundenes Buch jedes in die Hand, um es zu prüfen. Mit einem bezahlten Buch in der Hand wollte ich den Laden wieder verlassen, aber ich wurde von einer unsichtbaren Kraft herumgedreht und zu jenem Buch, das ich vorher unbeachtet gelassen hatte, geführt. Nun nahm ich es in die Hand. Es war die Biographie über Uri Geller von Professor Andrija Puharich.[7] Dies sollte der Beginn einer Freundschaft mit dem berühmten "Löffelbieger" werden, denn ich war später nicht nur der Herausgeber seines Buches, sondern durfte ihn auch als Übersetzer auf der Bühne begleiten, wo er Wunder über Wunder zelebrierte.

Auf meiner Reise quer durch Afrika wurde ich auf wunderliche Weise zu verschiedenen Medien geleitet. In einer spiritistischen Kirche ging ein Medium durch die Reihen und übergab an einige der Versammelten Botschaften von Jenseitigen. Dies führte bei einigen der Angesprochen dazu, dass sie weinen mussten, wurden ihnen doch von den Verstobenen Botschaften und Hinweise übermittelt, die für sie wichtig waren. Ich wurde gefragt, ob ich einen Peter kennen würde. Ich antwortete mit Ja. Und mir wurde mitgeteilt, dass er nicht wisse, wo ich mich im Augenblick in Afrika befinde. Er mache sich Sorgen, ich möge ihm schreiben. Welcher Jenseitige hatte mir diese Botschaft mitteilen wollen? Sicherlich war es eines meiner verstorbenen Familienmitglieder. Oder hatte dieses Medium einfach aufs Geratewohl geraten? War das Zufall, dass es vor mir stehen blieb und den Namen meines Bruders nannte? Aber wie konnte es wissen, dass es sich bei dem Namen nicht um den eines Jenseitigen handelte wie bei den anderen, sondern dass er noch auf Erden war und sich Sorgen um meinen Verbleib machte? Das konnte kein Zufall sein, denn das Medium kam von außerhalb und hatte vorher keinen Kontakt mit mir gehabt. Wenn man also die Nennung des Namens meines Bruders noch als bloßen Zufall gelten lassen könnte, blieben doch die weiteren Aussagen jenseits des bloßen Zufalls.

Und schließlich lernte ich Arthur Garside kennen, den "Botschafter Gottes". Seitdem er dieses Amt von Jesus zugeteilt bekommen hatte, bestand sein Leben nur aus Zufällen - wenn man nicht wüsste, dass diese Zufälle ihm "von oben" geschickt wurden. Um nur ein Beispiel zu geben: Bei einem Ehepaar, das ich auch kennenlernen durfte, wohnte Arthur oft auf seinen Durchreisen. Und einige Male passierte es, dass er vor diesem Ehepaar stand und dass David, wie er Jesus nannte, durch ihn sprach. Plötzlich verwandelte sich Arthurs Aussehen, und vor ihnen stand Jesus im hellen Licht und redete sie direkt an. Arthur pflegte schon um acht Uhr abends ins Bett zu gehen, stand aber um drei Uhr auf, da es dann immer Zeit war, sich mit David schriftlich in Verbindung zu setzen und seine nächsten Anweisungen zu erhalten oder an der neuen Fassung des Neuen Testaments weiterzuschreiben, das David ihm diktierte. Doch vor Mitternacht, das Ehepaar war noch wach, kam er aus dem Schlafzimmer heraus und sagte, dass er sein Köfferchen zu packen hätte, denn David habe ihn aufgeweckt und gesagt, dass er heute Nacht noch nach dem zweitausend Kilometer entfernten Rhodesien (Namibia) reisen solle. Doch das Ehepaar hielt ihm entgegen, dass es um diese Zeit keinen Bus, Zug und auch keinen Flug gebe, um dorthin zu gelangen. Auf einmal läutete es an der Tür. Ein Nachbar war es, der sagte, dass er ein Telegramm aus Rhodesien erhalten habe, in welchem ihm mitgeteilt worden war, dass seine Frau nach einem schweren Unfall im Krankenhaus liege. Er werde nun sofort losfahren, und er bat sie, sich in seiner Abwesenheit um seine Katze und die Pflanzen zu kümmern. War es nun Zufall, dass Arthur mit gepacktem Köfferchen schon als Mitfahrer bereitstand? Hier wird klar, wie Zufälle arrangiert werden. Und es war sicherlich kein Zufall, dass ich später Arthurs Neues Testament herausgeben sollte, das den Titel trägt *Ich bin das Licht - die allumfassende Liebe*.[8]

Aber nun zu meinem eigenen unerhörten Zufall. Ich war durch zufällige Fügungen in Südafrika zu Myra in Durban geführt worden. Mir wurde dort das Geschenk der automatischen Schrift zuteil. Nachdem man sich durch ein Gebet geschützt und Jenseitige um Führung der Hand gebeten hat, hält man den Stift auf ein Blatt Papier. Schließlich werden automatisch Striche gezogen, dann kommen kräftigere Handbewegungen, bis das erste Wort und dann ganze Sätze niedergeschrieben werden, ohne dass man willentlich etwas tut. So wurde mir an einem Donnerstagabend schriftlich mitgeteilt, dass ich über das Wochenende kein Benzin mehr in den Tank meines Autos füllen solle. Man garantierte mir, dass ich auch so am Wochenende überall hinfahren könne, wo immer es mir beliebe. Hier ist einzufügen, dass wegen einer strikten Benzinrationierung von Freitagmittag bis Montagfrüh keine Tankstelle geöffnet sein durfte. Es war auch verboten, aus einem Tank oder aus Kanistern Treibstoff nachzufüllen. Alles wurde mit strengen Strafen geahndet. Ich wollte aber nun an jenem Wochenende die weitere Umgebung von Durban kennenlernen. Deshalb beschloss ich, noch vor Freitagmittag auf jeden Fall meinen Tank zu füllen. Ein Freund bat mich, ihm meinen Autoschlüssel zu geben, damit er schnell ein Buch für mich aus seiner Wohnung holen könne. Doch es war schon nach zwölf, als er zurückkam. Er sei die achtzig Kilometer zu Myra gefahren und habe sich auf dem Rückweg gewundert, dass der Benzinanzeiger auf Null stand und der Wagen trotzdem nicht stehen blieb, sondern immer weiterfuhr. An jenem Wochenende legte ich bestimmt noch über hundert Kilometer zurück, denn ich wollte wissen, ob ich tatsächlich ohne gefüllten Tank fahren konnte. Sonntagnachts kam ich nach Durban zurück, als der Wagen plötzlich stehen blieb. Mit letztem Schub gelang es, an eine Tankstelle zu rollen. Es war zufällig jene, die ich meistens zum Nachtanken aufsuchte, und mit dem Besitzer, einem Inder, unterhielt ich mich öfter freundschaftlich. Der Wagen hielt genau vor einer Zapfsäule. Ich wollte nun einen Zettel schreiben, auf dem ich vermerkte, dass ich morgen um sechs Uhr kommen werde, um ihn vollgetankt abzuholen. Auf der anderen Seite der Zapfsäule war ein kleines Häuschen, in dem sich der Tankstellenwart am Tag aufhielt. Und plötzlich öffnete sich die Tür und der befreundete Inder trat heraus. Er fragte mich: "Was machen Sie denn hier?" Und ich entgegnete: "Wieso sind Sie nachts in diesem Häuschen?" Er erklärte mir, dass er zu Hause schon geschlafen habe, als er eine Stimme hörte, die ihn aufforderte, zu seiner Tankstelle zu kommen, weil er dort dringend gebraucht werde. Welche Zufälle stießen hier aufeinander? Können Sie, liebe Leser, das alles für möglich halten? Ich hätte es sicherlich nicht gekonnt, wenn ich es nicht selbst erlebt hätte. Er füllte mir nun den ganzen Tank voll. Somit konnte ich weiterfahren.

Ich hoffe, dass ich Sie, liebe Leserin und lieber Leser, nicht langweile mit meinen Erlebnissen, aber sie sind immer überzeugender als von anderen Berichtetes oder Gelesenes. Mir geht es auch nicht darum, mich hier in ein besonderes Licht zu stellen. Ich bin nichts Besonderes, denn ich bin du und du bist ich. Wir sind alle eins. Deshalb ist es töricht, sich von anderen abheben oder sich groß unterscheiden zu wollen. Aber der Grund, weshalb ich von mir berichte, ist, damit Sie sich, während ich meine spannenden Lebenszufälle wiedergebe, an ihre eigenen Zufälle erinnern können, die Sie dazu anleiten sollten, darüber nachzudenken, warum Ihnen genau dieser oder jener Zufall zugefallen ist.

Wenn höhere Gewalt Zufall spielt

Dass Gruppierungen von Unsichtbaren oder individuellen Geistern, Jenseitigen und Erdgebundenen uns Zufallsspielchen bereiten, werden wir noch im Einzelnen schildern. Aber wer hat das Universum, das Jenseits, die Menschen, die Liebe erschaffen? Wir haben eigentlich nur eine Erklärung dafür, sie heißt GOTT. Hinter all den Rätseln unseres Daseins steht eine große Unbekannte, um es mathematisch auszudrücken. Auch die höchsten jenseitigen Meister können diese Frage sicher vertiefend erweitern, doch auch sie stehen immer noch vor dem großen Rätsel: Wie kommt es, dass das Universum und seine Schöpfung samt allen Lebewesen vorhanden sind? Aller Darwinismus, alle Quantentheorie und ähnliche erdachten oder erforschten Ergebnisse müssen sich eigentlich vor der göttlichen Schöpfung demutsvoll verneigen, auch wenn sie selbst nie aufhören werden, neue Schöpfungsgeheimnisse oder tiefgründige Theorien aufzustellen.

Doch gewisses "zufälliges" Eingreifen von "oben" kann man vielleicht erklären. Was geschah denn bei der Kreuzigung Christi? Auf einmal gab es Blitze und Donnerschläge, die wohl manchen der Dabeigewesenen das Fürchten gelehrt haben mögen. Natürlich werden kritische Vernunftmenschen mit einer nihilistischen Tendenz, die mir auch früher zueigen war, alles für ein frommes Hinzutun der Verfasser des Neuen Testaments abtun. Könnte nicht eine Gruppe von Jenseitigen, die das Leben Jesu begleiteten, dieses Szenarium in die Wege geleitet haben, um die Bedeutsamkeit dieses Kreuzigungsereignisses zu dramatisieren? Hat Jesus diese ihn von "oben" Geleitenden und unsichtbar Begleitenden als jenen von ihm so bezeichneten "Heiligen Geist" benannt? Medien werden mittels der automatischen Schrift oder der Geisterkommunikation sicherlich noch nähere Auskünfte erhalten können.

Nun werde ich Ihnen von einem Zufallsereignis berichten, das wirklich Anlass zum Nachdenken gibt. In Merenberg, Hessen, sollte 1981/82 eine Wiederaufbereitungsanlage für Atomablagerungen gebaut werden. Die Wiesbadener Regierung ging bei der Standortsuche für diese Anlage von der Überlegung aus, dass im Westerwald die geringste Wahrscheinlichkeit für ein Erdbeben gegeben ist. Die Bewohner dieser Umgebung taten durch Demonstrationen alles, um dieses Projekt zu verhindern. Doch alle Bürgerinitiativen blieben ohne Wirkung. (Berichtet wurde darüber in der *Rheinzeitung*, im *Weilburger Tageblatt*, im *Westerwälder Tageblatt*.) Doch dann kam die "Hand Gottes", die alles zugunsten der Bewohner regelte. Denn die Erde wackelte derartig, dass in der Realschule in Rennerod die Schüler voller Panik aus den Klassenräumen stürmten. Tassen flogen in den Häusern aus den Schränken. Solch ein Erdbeben hatte es in dieser Gegend wohl seit Jahrhunderten nicht gegeben. Und das für unser Buch über Zufälle Interessante ist, dass sich dieses Erdbeben einen Tag vor der endgültigen parlamentarischen Abstimmung in Wiesbaden ereignet hat. Natürlich konnte man nichts gegen den "höheren" Willen unternehmen, womit das geplante Vorhaben zum Scheitern verurteilt war.

Wir sind nicht zufällig geboren

Wie wir alle wissen, sind wir durch die geschlechtliche Vereinigung von Mann und Frau geboren worden. Wie die Wissenschaft herausgefunden hat, bewegen sich bei jedem vollen Samenerguss zirka 300 Millionen Spermien im Eiltempo auf das möglichst befruchtungsbereite Ovulum zu, denn jedes Spermium will das erste sein. Und das zuerst Angekommene bestimmt das Sein des heranwachsenden Individuums. Dass wir also der sind, der wir sind, verdanken wir somit dem hohen Zufallsglückstreffer bei der Zeugung. Der Zufall, so können wir sagen, steht am Anfang unserer Existenz.

Es ist kein Zufall, dass wir mit einem bestimmten Geschlecht zur Welt gekommen sind, haben wir uns dieses doch bereits vor unserer Inkarnation ausgesucht, wie auch unsere zukünftigen Partner und meistens auch unsere Eltern. Bei Einzel- und Gruppenrückführungen führe ich die in Halbtrance versetzten Personen auch in ihre Zwischenleben und lasse sie die Planung ihres gegenwärtigen Lebens wiedererleben. Der Ausdruck Zwischenleben ist eigentlich falsch. Denn unsere wirkliche Heimat ist jenes Dasein nach unserem jeweiligen Tod. Es ist das, was wir "Jenseits" nennen. So betrachtet ist eine Erdinkarnation ein Zwischenleben von unterschiedlicher Dauer, es ist wie ein Erkundungsausflug mit dem Auftrag, auf Erden das umzusetzen, was wir in unserer Heimat, also im Jenseits, erkannt haben.

Denn jedes Erdenerleben ist eine Prüfung, und das Hauptfach heißt: LIEBE.

Wir wissen laut Statistiken, dass nach Kriegen, bei denen mehrheitlich Männer umgekommen sind, wieder mehr Kinder männlichen Geschlechts geboren werden. Zufall? Professor Stevenson hat auch herausgefunden,[10] dass bei all den von ihm untersuchten zirka zweitausend Fällen von Kindern, die sich an frühere Leben erinnerten, im Durchschnitt jedes fünfte Kind sich in dem vorausgegangenen Leben im anderen Geschlecht befunden hatte. So können diese Kinder noch Eigenheiten aus jenem früheren Leben mitbringen. Ausführlich habe ich darüber in meinem Werk *Das große Handbuch der Sexualität* geschrieben.[9]

Ebenso ist es kein Zufall, dass man in einem bestimmten Land bei einer bestimmten Mutter geboren wird. Nach meiner Schätzung bringen wir jeweils von der Mutter und dem Vater etwa zwanzig Prozent an vererbten körperlichen Merkmalen mit, während fünfzig Prozent aus unseren früheren Leben stammen und zehn Prozent nach Dafürhalten der jenseitigen Berater hinzuprogrammiert worden sein können. Wie wir sehen, sind wir kein Zufallsprodukt. Jetzt verstehen wir vielleicht auch den Satz, den der Dichter Lessing geprägt hat: "Das Wort Zufall ist Gotteslästerung. Nichts unter der Sonne ist Zufall." Es auch kein Zufall, dass jemand sein Land verlässt und woanders hinzieht, weil vielleicht in seinem Lebensplan schon vorhergesehen ist, dass er in Brasilien die für ihn bestimmte Ehefrau finden wird. Das soll aber nicht bedeuten, dass wir keinen freien Willen haben. Nur die Hauptkoordinaten unseres Lebens sind vorausbestimmt. Innerhalb dieser Festsetzungen haben wir immer noch genügend Spielraum für eigenes Entscheiden.

Was wir Zufall nennen, ist nur aus Unverstand so benannt. Alles hat einen Sinn. Wie es an sich keine Wunder gibt, so gibt es auch keine Zufälle. Diese sind für uns nur so lange Zufälle, solange wir ihren Hintergrund nicht erkannt oder erahnt haben. Nicht alles an sogenannten Zufällen hat eine höhere Bedeutung. Man steht so beispielsweise in der Telefonzelle und will sich eine Notiz machen. Man holt einen leeren Zettel hervor - aber es ist kein Kugelschreiber zur Hand. Zufällig liegt aber einer auf dem Boden ... Diese kleinsten Zufälle haben wohl kaum etwas mit höheren Einflüssen zu tun. Ähnliches passiert oft im Leben, und wir schenken dem kaum Beachtung. Ebenso ist es, wenn man zufällig ein, zwei Münzen auf dem Weg findet, die irgendjemand verloren hat. Anders verhält es sich, wenn ich zum Beispiel dringend einen Brief auf die Post bringen will, aber merke, dass ich vergessen habe, mein Portemonnaie einzustecken. Und plötzlich finde ich vor der Post genau die beiden Münzen, für die ich mir die betreffende Marke kaufen kann. Hier findet sicherlich eine kurze Verwunderung statt. Doch schon bald ist dieses Zufallsgeschehen vergessen, da es so viel anderes gibt, an was man im Alltag zu denken hat. Bemerkenswerte Zufälle sind aber jene, die einen in Verwunderung versetzen. Man begegnet so vielleicht zufällig jemandem, der am Automaten Geld abhebt. Dieser schuldet einem seit Jahren eine bestimmte Summe. Durch das Treffen kann man das geliehene Geld endlich zurückerhalten. An solche Zufälle erinnert man sich noch länger. Doch wirklich verblüffende Zufälle sind jene, die einen in großes Erstaunen versetzen - ein Erstaunen, das auch nach Wochen oder länger noch anhält. Und von solchen Zufällen soll nun die Rede sein, besteht doch der Sinn dieses Buches darin, die Hintergründe von Zufällen aufzudecken.

Wenn Jenseitige sich einmischen

Die amerikanische Schauspielerin Shirley MacLaine kommt auf ihrer Tourneereise nach Hongkong an einem kleinen Buchladen mit spiritueller Literatur vorbei. Als sie in einem Regal die Buchrücken betrachtet, lockert sich von oben ein Buch. Sie kann es noch auffangen. Sie schaut nun hinter das Regal, aber niemand ist dort zu erblicken, der dieses Buch herausgeschubst haben könnte. Es ist ein Buch über das große Medium Edgar Cayce, der für Tausende als Kanal nach oben diente und wahrlich verblüffende Durchgaben bekam, die sich als richtig bestätigten.[12] Shirley las nun dieses Buch – und begab sich danach auf die Suche nach den tieferen Hintergründen des Lebens, ließ sich von Chris Griscom in frühere Leben zurückführen und gab schließlich selbst spirituell ausgerichtete Vorträge und Seminare.[13] Dieses Zufallserlebnis hatte ihr ganzes Leben revolutioniert. Denn sicherlich war es in ihrer Lebensplanung so vorgesehen, dass sie nach ihrer großen Schauspielkarriere einen spirituellen Weg einschlagen sollte. Wenn die Zeit für eine Lebensveränderung, wie auch immer sie ausgerichtet sein mag, gekommen ist, dann werden von oben die Weichen dafür gestellt.

Ich hatte auch ein Erlebnis, bei dem mir die Hand geführt wurde. Ich befand mich mit einer Freundin bei ihren Eltern in Schweden an einem See, wo sie mit einem Campingwagen ihre Ferien genossen. Plötzlich kam ich auf die Idee, sie zu überraschen.

Ich bückte mich, nahm zwei Kleestängel in die Hand und wollte selbst ein vierblättriges Glückskleeblatt "basteln". Doch ich stellte dann mit Verwunderung fest, dass das erste Kleeblatt ja schon vier Blätter besaß, was so selten ist! Wer hatte mir die Idee eingegeben, meiner Freundin ein vierblättriges Kleeblatt zu präsentieren und meine Hand ausgerechnet zu jenem Einzelexemplar geführt?

Elisabeth Kübler-Ross erzählte mir einmal bei einem meiner Besuche in Amerika, dass ihr Flugzeug von Atlanta nach New York mit Verspätung eintraf. Ihr Flieger nach Detroit war schon abgeflogen. In Detroit hatte sie in der dort größten Halle an diesem Abend aber vor zweitausend Zuhörern einen Vortrag zu halten. In ihrer Not sagte sie zu ihren unsichtbaren Helfern: "Ihr müsst mich dort hinbringen. Lasst euch unbedingt etwas einfallen." Und plötzlich vernahm sie eine Durchsage, die Detroit und einen Flugsteig ausrief. Sie stürmte dorthin. Es handelte sich um eine Sondermaschine. Sie sah, wie man jemanden in einem Rollstuhl zum Durchgang brachte. Sie ging zu der Person, die den Rollstuhl schob, und sagte zu dieser: "Ich übernehme das." Und somit kam sie unkontrolliert in die Maschine und erreichte gerade noch rechtzeitig die große Halle, wo die Menschen auf ihren Vortrag warteten. Immer wenn ihr jemand von ihren unsichtbaren Begleitern geholfen hatte, dann hob sie zwei Finger ihrer linken Hand und sagte: "Thank you, guys!" Für sie war es etwas Selbstverständliches, dass ihr von unsichtbarer Seite geholfen wurde, wofür sie sich auch immer bedankte. Einmal berichtete sie mir, dass eines Morgens ihr Geistführer an ihrem Bett stand. Sie vermochte also ihre sogenannten Guys hin und wieder auch als Erscheinungen wahrzunehmen. Für sie war es selbstverständlich, dass es keine Zufälle gibt. Meine Erfahrungen mit dieser besonderen Frau - der Gründerin der Thanatologie und der Mitbegründerin der nun weltweit vorhandenen Hospize - habe ich in einem Buch wiedergegeben.[15]

Auch bei anderen Gelegenheiten werden wir erstaunt sein, wenn wir die Unsichtbaren bitten, uns zu helfen. Es geschehen so manchmal Wunder, oft gepaart mit Zufällen. So wünschen sich manche Leute, dass vor ihrer Haustür bei ihrer Ankunft ein freier Parkplatz zur Verfügung steht. Meine Partnerin Sinaida hat zu meinem Erstaunen oft großes Glück. “Du musst die Engel bitten und fest daran glauben, dann werden sie versuchen, dir einen Parkplatz unweit von unserer Haustür zu verschaffen.” Nun kam ich nachts nach Berlin zurück. Ich wusste, normalerweise ist dort jede Parkmöglichkeit schon ausgenutzt. Doch ich bat die Engel schon eine Stunde im Voraus: “Bitte besorgt mir einen Parkplatz unweit meiner Haustür.” Und tatsächlich bekam ich diesen - und zwar genau vor meiner Haustür. Versuchen Sie es doch auch einmal! Und wie ich es von Elisabeth Kübler-Ross übernommen habe, sagte ich, indem ich zwei Finger der linken Hand hob: “Thank you, guys!”

Auf meine Frage an meine “Wir-Gruppe”, ob sie mir bitte etwas über das Wesen der Zufälle durchgeben könnten, schrieb ich nach Diktat die folgenden Sätze: “Zufälle sind arrangiert. Das ist das Wesentliche. Die meisten Zufälle kommen aus höherem Arrangement. Wir wollen, dass der Mensch, dem diese Zufälle zukommen, nachdenkt oder nachfühlt, wie so etwas möglich ist. Ihm soll das Gefühl vermittelt werden, dass es Dinge gibt beziehungsweise Erscheinungen, die über den denkerischen Verstand hinausgehen. Zufälle haben oft eine höhere Bedeutung. Viele Verstorbene möchten ihren Nahestehenden noch Zuwendung zuteilwerden lassen, um sie spüren zu lassen, dass sie bei ihnen sind. So vermögen sie, eine Uhr anzuhalten, die die Sterbestunde genau anzeigt. Und oft helfen ihnen andere, die mit der Herstellung dieser Phänomene vertraut sind, diese Wunder als Zufälligkeiten entstehen zu lassen.”

Wie Verstorbene sich zu erkennen geben

Es gibt Tausende von Berichten über Verstorbene, die sich den Hinterbliebenen zu erkennen geben. Beginnen wir mit einer kurzen Auswahl. Ein Elternpaar saß im Garten. Das Babyphone war eingestellt, falls die zweijährige Inka in ihrem Mittagsschlaf schreien sollte und man schnell nachsehen will, warum sie schreit. Auf einmal hörten die Eltern, wie die Kleine zu weinen und gar zu schreien begann. Die Mutter lief mit dem Babyphone in der Hand eilig zum Haus. Und plötzlich vernahm sie durch das Babyphone jenes mit sanfter Stimme gesungene Wiegenlied, das ihre Schwiegermutter der Zweijährigen noch vor einigen Wochen vor ihrem eigenen Tod am Bettchen vorgesungen hatte, um diese einschlafen zu lassen. Es war hundertprozentig ihre unverkennbare Stimme. Und bald darauf verstummte das Weinen des Kindes - wie auch die Stimme der Verstorbenen nicht mehr zu hören war.[16]

Bei Unzähligen blieb zu Hause die Uhr stehen, als jemand ihnen Nahestehendes gerade verstorben war. So berichtete mir auch eine Klientin, dass ihre Armbanduhr auf einmal stehen blieb. Es war genau der Zeitpunkt, als ihr Mann im Krankenhaus verstarb.

Als ich noch Taxifahrer in Berlin war, stieg eine Frau bei mir ein: "Ach, ist das ein Zufall. Mit Ihnen bin ich schon vor ein paar

Wochen gefahren. Wir hatten uns über Frau Kübler-Ross unterhalten. Ich muss Ihnen jetzt etwas Seltsames erzählen." Ihre Schwiegermutter lag schwer erkrankt im Krankenhaus. Ihr Mann war dort an ihrem Bett. Nachts wachte mein Fahrgast auf und schaute auf ihre Uhr. Es war fünf Minuten nach drei. Plötzlich sah sie eine hell schimmernde Gestalt an ihrem Bett. Sie meinte, ihr Mann sei mit einem Bettlaken umhüllt zurückgekehrt. Sie wollte ihm schon Vorwürfe machen, dass er sie erschreckte, doch dann merkte sie, dass diese Gestalt ja viel kleiner war. Sie bekam Angst, zog sich schnell die Bettdecke über ihren Kopf. Nach einigen Sekunden schaute sie wieder darunter hervor. Doch die Gestalt war immer noch da und bewegte sich etwas. Jetzt blieb sie zitternd längere Zeit unter der Decke. Als sie nach einiger Zeit das Licht anmachte, war die Gestalt verschwunden. Am Morgen kehrte ihr Mann aus dem Krankenhaus mit der Mitteilung zurück, dass seine Mutter kurz nach drei Uhr verstorben sei.[17]

In der Zeitschrift *Die andere Realität* vom 1. Oktober 2008 berichtet der Chemiker Dr. Froboese von einem Bekannten, der Folgendes erlebte. Dieser kam als Student nach London und fand im Studentenheim keinen Platz, da alles besetzt war. Unerwartet wurde ihm ein plötzlich frei gewordenes Zimmer angeboten. Als er dort im Bett lag, sah er im Halbdunkel, da noch etwas Licht von einer Straßenlaterne hereinleuchtete, eine jugendliche Männergestalt. Er sprach diese Erscheinung an. Doch als er das Licht anmachte, war diese verschwunden. Wer konnte es gewesen sein? Haben Sie, liebe Leserin und lieber Leser, schon einen Verdacht? Er berichtete am Morgen der Heimleitung über diese Erscheinung. Man zeigte ihm Fotos der im Heim Wohnenden. Da erkannte er genau den Studenten, der nachts bei ihm im Zimmer erschienen war. Und wie man ihm nun mitteilte, hatte dieser sich vor kurzem das Leben genommen, weshalb auch sein Zimmer zufällig frei geworden war.

Eine der Frauen, die ich als Rückführungsleiterin ausgebildet habe, schickte mir auf meine Frage, ob sie von einem besonderen Zufallsereignis gehört oder dieses selbst erlebt habe, folgendes Schreiben, das ich wörtlich wiedergebe. "Meine Großmutter hatte auf ihrem Küchenschrank immer eine große geschwungene Uhr aus Holz stehen. Diese musste mit einem Schlüssel aufgezogen werden. Doch irgendwann war diese Uhr kaputt. Sie lief nicht mehr, das Glockenspiel funktionierte auch nicht mehr. Kein Mucks! Sie schenkte diese Uhr meiner ältesten Schwester als Andenken. Diese stellte die Uhr zu Dekozwecken auf einen Schrank im Flur. Als meine Oma starb, passierte kurze Zeit später dies: Die Familie meiner Schwester saß in der Küche zum Essen versammelt, und die Uhr spielte das komplette Glockenspiel ab!" Wie ist es rein technisch möglich, eine seit längerem nicht mehr aufgezogene Uhr wieder so einzurichten, dass sie für einen kurzen Augenblick funktioniert, um genau dieses Glockenspiel ertönen zu lassen? Zufälle sind in diesem Fall völlig ausgeschlossen. Wie wir noch sehen werden, können unsere Unsichtbaren - ob es sich dabei um Verstorbene oder um höhere Eingreifer handelt, lassen wir dahingestellt sein - uns verblüffende Zufälle präsentieren, die uns in Erstaunen versetzen.

Eine mir befreundete Dame in Berlin erzählte mir Folgendes. Ihr Mann schenkte ihr am Hochzeitstag immer eine langstielige rote Rose. Nach seinem Tod gewann sie bei einem Preisausschreiben einen Flug nach Bali. Als sie in Denpasar aus dem Flugzeug gestiegen war und das Flughafengebäude verließ, kam ihr plötzlich ein Einheimischer entgegen, überreichte ihr eine rote langstielige Rose und war im Nu, ohne ein Wort zu sagen, wieder verschwunden. Da fiel ihr ein, dass heute ihr Hochzeitstag war. Hatte ihr verstorbener Gatte dem Unbekannten - sicherlich ein für mediale Durchgaben Empfänglicher - diesen Auftrag vermittelt, oder hatte er sogar dafür gesorgt, dass sie dieses Preisausschreiben gewann, um ihr eine besondere Überraschung zu präsentieren? Aber das war noch nicht alles. Sie fühlte, dass ihr Mann oft gegenwärtig war und er sich ab und zu durch kleine Aufmerksamkeiten kundtat. Sie wollte nun umziehen und bat ihn, ihr eine schöne Wohnung auszusuchen. So ging sie im Westend spazieren und kam in der Klaus-Groth-Straße an einem Haus mit einer Mansardenwohnung samt kleinem Vorgarten vorbei. Sie dachte bei sich: 'Dort zu wohnen, wäre für mich ein Traum.' Sie schaute in den Zeitungen die Wohnungsangebote durch. Tatsächlich entdeckte sie, dass eine Wohnung in diesem Haus angeboten wurde. Sofort machte sie sich auf den Weg. Nachdem sie an der Tür geklingelt hatte, öffnete eine Frau und sagte: "Wenn Sie wegen der Wohnung kommen, sind Sie zu spät. Sie ist schon vergeben. Tut mir leid." Doch als sie die Tür wieder schließen wollte, sagte sie: "Kennen wir uns nicht?" Und beide entdeckten, dass sie Klassenkameradinnen gewesen waren. Nun wurde beim Kaffeetrinken über die damalige Zeit geredet. Und die Wohnungseigentümerin sagte: "Weißt du was? Ich sage dem anderen wieder ab. Du sollst in mein Haus einziehen." Was würde Elisabeth Kübler-Ross jetzt sagen? Na, Sie wissen schon. Doch hierbei handelte es sich um ihren verstorbenen Ehemann, der diese zufälligen Dinge in die Wege geleitete hatte. Denn die Liebe kennt keine Grenzen. Und Verstorbene wollen der geliebten Person gerne eine Freude bereiten oder sie beschützen und vor Gefahren warnen.

Ein deutscher Tramper erzählte mir in Indien folgende Begebenheit. Mitten in Delhi kam ein ihm unbekannter Inder auf ihn zu und sagte, er möge seinen Freund Uwe anrufen, dieser sei in Norwegen schwer erkrankt. Und sofort war dieser Unbekannte wieder in der Menge verschwunden. Als er nun die Eltern seines Freundes anrief, bestätigten sie, dass ihr Sohn in Oslo im Krankenhaus im Koma gelegen habe, die Ärzte dort aber zuversichtlich seien, dass ihr Sohn bald wieder genesen sein werde. Wie ist nun dieser Zufall zu erklären? Der im Koma befindliche Uwe wollte wissen, wo sein Freund in Indien wohl steckte. Er hatte sich in seinem außerkörperlichen Zustand mit Uwe verbunden und einem medial Empfänglichen den Auftrag gegeben, seinen Freund anzusprechen und ihm zu sagen, dass er in Norwegen erkrankt sei. Wenn man also als Geistwesen oder im Koma niemanden erreichen kann, können andere Vermittler helfen.

Kontakte mit Verstorbenen

Es gibt viele Möglichkeiten, mit Verstorbenen in Kontakt zu treten. Doch muss man aufpassen, dass man auch die erwünschten Kontakte herstellt, denn es gibt auch viele Foppgeister, Kobolde, Erdgebundene und auch jene, die sich einen Spaß daraus machen, einen an der Nase herumzuführen oder irgendeine Antwort zu geben, damit der Kontakt mit der Person weiterhin anhält. Man kann also, wenn man sich nicht genügend schützt, einem Geist aufsitzen, der sich vielleicht auch als ein berühmter Mann, Religionsstifter, Literat, Erzengel oder Ähnliches ausgibt, um Eindruck zu machen.

Die berühmtesten und am meisten gebräuchlichen Kommunikationsmittel sind das Pendel, der Biotensor, die automatische Schrift, das Ouija-Bord, das Glasrücken, das Westerwälder Tischchen wie auch das Tischrücken. Wichtig ist bei all diesen Kommunikationsversuchen, dass man vorher durch ein Gebet um Erlaubnis fragt, mit Jenseitigen in Verbindung treten zu dürfen, und dass man weiterhin darum bittet, dass nur jene durchkommen dürfen, die dazu befugt sind und ganz der Liebe dienen. Auch sollte man sich von einem Engel mit Licht einhüllen lassen, damit sich keine unerwünschte unsichtbare Person einmischen kann. Diese Schutzmaßnahmen sind von höchster Wichtigkeit, kann man doch ansonsten Unliebsames erleben, zum Beispiel dass man von einem Erdgebunden besetzt wird, dass Spielchen mit einem getrieben werden, dass also zum Beispiel ein Stift durch die Luft fliegt oder sonst irgendetwas Angsterregendes passiert. Nachdem man mit der zu kontaktierenden Person einen Code abgemacht hat, nach welcher Richtung das Pendel oder der Biotensor sich bei einem Ja oder Nein bewegen soll, erhält man auf dieser Ja-und-Nein-Basis Antworten. Leider machen sich viele davon abhängig und sitzen oft unrichtigen Aussagen auf. Doch erfahrene Pendler wie auch Rutengänger erreichen oft sehr gute Ergebnisse, die über normale Zufälligkeiten hinausgehen.

Während man bei der automatischen Schrift einen Stift in der Hand hält und wartet, bis dieser sich von allein bewegt, berührt man bei dem Ouijaboard mit einem Finger eine vielleicht drei Zentimeter lange und flache Planchette aus Holz oder Plastik, während man beim Glasrücken ein oder zwei Finger auf ein umgestülptes Glas hält. Beim Westerwälder Tischchen, das etwa sechs bis zehn Meter hoch ist und vielleicht einen Durchmesser von acht bis zehn Zentimetern hat, ist in dessen unterer Mitte ein Stift angebracht, und es wird ebenfalls mit ein oder zwei Fingern berührt. Auf dem Quijaboard sind die Buchstaben des Alphabets nebst den Zahlen 1-10. 100. 1000 angebracht. Beim Glasrücken legt man die auf kleinen Zetteln markierten Buchstaben der Reihe nach im Kreis aus und fügt auch die Zahlen hinzu, wobei wie bei dem Ouijaboard auch rechts und links ein Kreis vorhanden ist für ein Ja oder Nein. Doch das Westerwälder Tischchen geht einen ganzen Schritt weiter. Der unten eingesetzte Stift schreibt automatisch Sätze nieder. Die die Oberfläche berührende Hand lässt sich von dem sich bewegenden Tischchen führen.

Ein gutes Beispiel für das Westerwälder Tischchen beschreibt Doro Kasten.[18] Ihre Freundin rief sie am Morgen an und erzählte ihr Folgendes. Ihr Mann sei spät nach Hause gekommen und habe berichtet, dass in dem benachbarten Hotel einem Gast Schmuck und Geld gestohlen worden sei. "Frag doch mal den

Geist", so sagte er, "wie die Geschichte ausgeht." Sie habe dann das Medium Maxi angerufen. Maxi habe daraufhin mit einer anderen Freundin das Tischchen wegen des Vorgefallenen befragt, und das Geistwesen habe auf ihre Frage Folgendes geschrieben: "Morgen gegen 15.00 Uhr - Tiefgarage." Und wie sich dann herausstellte, konnte die Polizei am folgenden Tag um 15.00 Uhr den Dieb in der Tiefgarage festnehmen. Wie ist so etwas möglich? Nun, wir müssen verstehen, dass es im Grunde keine Zeit gibt. Der durch das Tischchen sich verkündende Geist hat einfach in der Zukunft nachgesehen und wusste, wann und wo der Dieb gefasst werden würde. Der Geist erklärte auch: "Ich muss nicht anwesend sein. Dass man anwesend sein müsste, um miteinander zu kommunizieren, ist eine Vorstellung, die in euren Dimensionen herrscht. In der Dimension, in der ich weile, gibt es diese Form nicht. Es ist mein Geist, der euren Geist ruft, der sich aufgrund einer gewissen Schwingung übermittelt. (...) Es ist mir möglich, an verschiedenen schwingungsmäßigen Strahlungsorten zur gleichen Zeit zu sein. Dies bereitet euch Schwierigkeiten, da ihr mit euren Körpern an eine bestimmte Aufgabe, an einem bestimmten Punkt für eine bestimmte Zeitform gebunden seid." In einer anderen Sitzung fragten sie mittels des Tischchens den Geist, ob er auch manches Mal bei ihnen ist, ohne gerufen worden zu sein. Und er antwortete: "Ich bin oftmals am Tag bei euch." Die Gegenfrage war: "Woran merken wir das?" Auf einmal vernahmen sie ein lautes Knacken in der Holzdecke über sich, und die Jalousien hinter den Fenstern begannen zu klappern.

Und nun ein Ereignis, das sich mir beim Gläserrücken präsentierte. Ich saß mit zwei älteren Damen an einem Tisch. Sie waren Schwestern und pflegten, mittels des umgestülpten Glases mit ihren verstorbenen Eltern in Kontakt zu treten. Eine schrieb gewöhnlich die sich durch die Buchstabenzuweisung des Glases ergebenden Sätze auf. Doch plötzlich wurden die Buchstaben

HH und GH durch das Glas angedeutet. Und eine der beiden sagte: "Aber das macht doch gar keinen Sinn! Gebt uns doch eine zusammenhängende Botschaft." Und die andere Schwester entgegnete: "Aber das sind doch die Initialen unserer Eltern!" Sie deutete mit ihrer Hand auf eine etwa zwei Meter entfernte Fotografie in einem Glasrahmen und sagte zu mir: "Sieh, das da sind sie." Und mit einem Mal entstand mit einem kurzen Knacken ein Sprung in der Scheibe, der genau diagonal verlief. Konnte man einen besseren Beweis finden, dass die Eltern tatsächlich feinstofflich anwesend waren? Denn die Scheibe konnte nicht aus Altersgründen zufällig in jenem Moment geplatzt sein. Ich war im Übrigen bei der Beerdigung von einer der Schwestern dabei. Als ich zu meinem Auto zurückkehrte, lag eine langstielige rote Rose auf meiner Kühlerhaube. Und ich wusste sogleich, wer sie wohl dorthin manifestiert hatte.

Anders verhält es sich mit dem Tischrücken. Man hält die Hände flach auf einen Tisch und bittet die jenseitige Person nach einem Schutzgebet, den Tisch zu kippen, nachdem man wie beim Pendeln eine Bewegung für ein Ja und eine für ein Nein abgemacht hat. Doch was hat das alles mit Zufall zu tun? Dazu nun ein weiteres Beispiel über einen Mann, der nicht an die Existenz von Engeln glaubte. Es handelt sich hierbei um einen Bericht von einer von mir als Rückführungsleiterin Ausgebildeten, den ich wörtlich wiedergebe: "Meine Eltern beschäftigten sich mit dem Tischchen. Und es schrieb für meinen Vater – der sehr skeptisch war: 'Kaufe dir morgen die Bild-Zeitung.' Mein Vater fuhr am nächsten Morgen in den fünf Kilometer entfernten Ort, kaufte sich die Bild-Zeitung – und da stand auf der Titelseite in großen Buchstaben: *Es gibt doch Engel!*" Woher wussten jene, die durch das Tischchen Mitteilungen machten, dass am nächsten Morgen dieser Artikel über Engel in der Bild-Zeitung erscheinen würde? Zufall? Sicherlich nicht!

Nun komme ich auf einen noch überwältigenderen Beweis für das Vorhandensein eines Verstorbenen. Mit Ulla, meiner ehemaligen Partnerin, trafen wir Anfang der 80er-Jahre Elisabeth Kübler-Ross auf dem Flughafen in San Diego. Sie kam gerade aus Tucson in Arizona zurück, wo sie sich, wie sie sagte, die halbe Nacht mittels des Tischrückens mit ihrem Geistführer unterhalten habe. Und sie gab uns die Adresse des Mediums namens Elly Baker mit dem Anraten, uns eine solche Geisterkommunikation auf keinen Fall entgehen zu lassen. Also befolgten wir ihren Rat. Am ersten Tag saß ich dem Medium an einem etwa sechzig Zentimeter hohen und vielleicht eineinhalb bis zwei Meter langen und achtzig Zentimeter breiten Tisch gegenüber. Sie erklärte uns, dass sich das Tischchen auf ihrer Seite bei einem Nein zweimal kurz hebe, bei einem Ja jedoch dreimal. Und je stärker das Ja sei, desto höher kann der Tisch kippen. Sie werde gleich bei einer von uns gestellten Frage die Buchstaben des Alphabets der Reihe nach aufsagen. Sobald der betreffende Buchstabe richtig ist, hebt sich der Tisch ein wenig. Ich war nun am ersten Tag derjenige, der zuerst dieser etwa fünfzigjährigen Frau gegenübersaß. Sie und ich legten unsere Hände flach auf den Tisch.

Ich zitiere jetzt aus meinem Buch *Habt keine Angst vor dem Tod.*[15] Elly schloss die Augen. Und nach einer Weile sagte sie, dass sich jetzt eine Frau eingefunden habe. "Ist deine Mutter schon im Jenseits?" Das bejahte ich, da sie schon, als ich fünf Jahre alt war, aus ihrem Körper schied und somit uns vier Kinder verlassen hatte. Dann begann Elly, bei A anfangend, das Alphabet aufzusagen. Bei G hob sich der Tisch ein wenig. Somit begann sie wieder von vorn bei A. Und bei den Buchstaben E, dann bei R, weiterhin bei D und A ruckte er wieder etwas in die Höhe. Ja, richtig, meine Mutter hieß Gerda. Nun fragte ich weiter: "Wie heißt dein Mann?" Der Name Karl wurde ausbuchstabiert. Auf die weitere Frage, wie sein Dichtername lautet, ergaben die

Buchstabennennungen Molar. Und so stellte ich noch die verschiedensten Fragen, die auf diese mühselige Weise, aber dennoch richtig beantwortet wurden.

Am folgenden Tag saß ihr Ulla gegenüber. Elly spürte die Anwesenheit eines Mannes und fragte deshalb, ob ihr Vater schon im Jenseits sei. Und nach der Bejahung wurde der Name Hermann ausbuchstabiert, genauso wurden auch noch andere Fragen buchstabensicher vermittelt. Als Ulla ihren Vater fragte, ob er sie liebe, da hob sich der schwere Holztisch, kippte sanft auf ihre Brust und wiegte sie hin und her. Ulla liefen die Tränen die Wangen hinab. Ich, der ich neben dem Tisch stand, schaute als geborener Skeptiker natürlich gleich unter den Tisch, um zu sehen, ob es dort eine Hebevorrichtung gab. Auch machte ich ein Foto, das aber, aus welchem Grund auch immer, später nicht belichtet war. Dieses Erlebnis eines besonderen Geisterphänomens hatten wir also Elisabeth zu verdanken. Ich kann mir sehr gut vorstellen, dass Skeptiker nun die Tatsächlichkeit dieser Begebenheit abstreiten. Denn das hätte ich vor einigen Jahren, bevor ich Beweise von Geistern bekam, ebenso getan. Solange man nicht selbst derlei Phänomene, bewirkt durch Geistereinfluss, erlebt hat, wird man wohl immer ein Skeptiker bleiben. Und trotzdem blieb ich auch bei weiteren Phänomen skeptisch - jedoch auch offen, da ich mich von der Wahrhaftigkeit des Miterlebten überzeugen wollte. Und Elisabeth blieb ebenfalls skeptisch, es sei denn, die Phänomene hatten sich wunderbarerweise als hundertprozentig echt erwiesen. Und was hat sie alles erleben dürfen, das von Geistern bewirkt wurde!

Nun frage ich Sie, liebe Leser: Konnte bei dieser Geistervermittlung Betrug im Spiel gewesen sein? Hatte Elly zufällig die Namen der kontaktierten Personen erfunden? Und war es Zufall, dass der Tisch, wobei ich mich nochmals genau vergewisserte, dass keine Hebevorrichtung vorhanden war, sich von allein in die Höhe hob? Doch mit welcher Kraft hatte Ullas Vater diesen schweren Tisch heben können? Hatte er jenseitige Helfer, oder hat er diesen Kraftakt, obwohl unsichtbar, selbst bewerkstelligen können?

Jahre später besuchte ich mit Sinaida nochmals das Ehepaar Baker. Und durch ein nun viel kleineres Tischchen, auf dem Sinaidas und Ellys Hände lagen, meldete sich ihr früherer, bei einem Zugunglück verstorbener Freund Hartmut, der ihr mitteilte, dass sie seinen Eltern sagen möge, dass er sie grüße und dass es ihm gut gehe.

Wenn Versprechen sich nach dem Tod erfüllen

Stellen Sie sich vor, Sie hätten mit jemandem abgemacht, dass derjenige, der zuerst stirbt, dem Hinterbliebenen ein verabredetes Zeichen zukommen lässt. So hatte auch der Psychotherapeut und Energiearbeiter Peter Singer mit dem damals sehr berühmten Schlagersänger Roy Black eben solch eine Verabredung getroffen. Der Erste von beiden, der hinüberging, sollte dem anderen ein Zeichen seines Weiterlebens im Jenseits geben. Roy verstarb mit achtundvierzig Jahren am 9. Oktober 1991. Peter wachte am 9. Oktober 1996 auf und schaute auf seinen Wecker, der auch das Datum anzeigte. 'Das ist ja Roys Geburtstag', durchfuhr es ihn. Und laut fügte er hinzu: "Und du hast mir noch immer kein Lebenszeichen von dir geschickt." Auf einmal krachte es im Flur. Peter sprang aus dem Bett, um nachzusehen, was da wohl passiert war. Das große, mit einem Glas bedeckte Gemälde, das eine Alpenlandschaft darstellte, war vom Haken gefallen und lag in Scherben auf dem Boden. War es Zufall, dass, als Peter sich bei Roy beschwerte, noch kein Lebenszeichen von ihm bekommen zu haben, genau in dem Augenblick das Bild von der Wand fiel? Aber nein, der Haken dort war ja noch unverbogen an seinem Platz. Hatte der verstorbene Roy als unsichtbarer Geist das Bild vom Haken gehoben? Oder haben kundige Helfer ihm dabei zur

Seite gestanden? Oder war es vielleicht ein Erdgebundener, der gelernt hatte, Gegenstände zu bewegen? Aber wer hatte Peter eingegeben, beim Aufwachen an Roy zu denken und sich bei ihm zu beschweren? War das etwa doch sein Freund Roy gewesen?

Eine meiner Zurückgeführten - ich nenne sie Edeltraut - erzählte mir folgende Zufallsgeschichte. Mit fünf Freundinnen las sie einen Artikel in einer Illustrierten, worin ein atemberaubender Bericht stand über zwei Personen, die miteinander abgemacht hatten, nach dem Tod der Hinterbliebenen eine Nachricht zukommen zu lassen. Und das hatte auf erstaunliche Weise gut funktioniert. "Wollen wir", so meinten sie, "nicht auch etwas in dieser Art verabreden?" Mit ihr waren drei dazu bereit, die anderen beiden fanden es zu blöd. Diese vier kamen nun nach langem Überlegen zu der Entscheidung, dass jeder den Hinterbliebenen als ein Schmetterling erscheinen sollte. Jede wählte sich einen besonderen Schmetterling aus. Einige Jahre später flog trotz Winterzeit ein Pfauenauge in Edeltrauts Zimmer herum. Sie kaufte etwas Grünes im Topf, damit dieser sich einspinnen konnte. Da fiel ihr ein: Hatte sich nicht Irmgard als nachtodliches Kennzeichen ein Pfauenauge gewählt? Sie fand im Telefonbuch die Adresse ihrer Familie. Und tatsächlich, so teilte man ihr mit, war sie vor einigen Wochen verstorben. Einige Jahre später hängte sie auf dem Dachboden die Wäsche auf. Ein Zitronenfalter flatterte heftig um sie herum. Wie kam der denn herein, die Fenster waren doch alle zu? Hatte sich nicht Roswitha diesen Falter als nachtodliches Kennzeichen ausgewählt? Sie rief bei deren Familie an. Ja, sie sei vor einem Monat verstorben. Sind das alles Zufallsgeschichten? Und es kam noch heftiger. Sie machte eines Tages ihr Schmuckkästchen auf, und darin befand sich ein toter Schwalbenschwanz. Das war doch jener Schmetterling, den sich Elsbeth ausgesucht hatte! Und nachdem sie die Telefonnummer ihrer früheren Freundin herausgefunden hatte, sagte jemand aus der Familie, dass sie schon seit einiger Zeit verstorben sei. Handelte es sich dabei um verwunderliche Zufälle? Oder hatten jene Freundinnen doch diese Zufälle arrangiert, um ihr Versprechen einzuhalten? Und wie konnte der Schwalbenschwanz in ein geschlossenes Kästchen kommen? Kundige Jenseitige können Dinge dematerialisieren und auch rematerialisieren. No problem. Denn alles ist letztendlich Vorstellung. Es kommt nur darauf an: gewusst, wie.

Nun will ich noch einen Zufall schildern, der in der Geschichte der Geisterkommunikation, also des Spiritismus, große Aufmerksamkeit erregte. Führende englische Wissenschaftler gründeten am Ausgang des 19. Jahrhunderts in London die Parapsychologische Vereinigung (Society for Psychical Research, heißt heute Spiritual Association of Great Britain) zur Erforschung spiritistischer Phänomene. Zu diesen akademischen Gründungsvätern gehörte auch der renommierte Altphilologe Professor Fredric Myers. Vor seinem Dahinscheiden (welch treffliches Wort!) hatte er versprochen, dass er nach seinem Tod alles versuchen werde, der Gesellschaft einen Beweis für ein Leben nach dem Tod zu geben. Einige Jahre nach seinem Ableben erhielten drei automatisch schreibende englische Medien, wovon eines in Indien lebte, Texte, die für sie keinen Sinn ergaben. Denn sie waren, abgesehen von einigen englischen Sätzen, vor allem in Latein oder in Griechisch abgefasst, in einer Sprache also, die sie selbst nicht verstanden. Darunter stand dann die Signatur jenes Verstorbenen. Von drei verschiedenen Seiten gelangten nun diese Schreiben zur Parapsyologischen Vereinigung. Man wusste erst gar nichts damit anzufangen. Schließlich diktierte Myers dem Schreibmedium Frau Verall, dass man die Sätze in logischer Weise zusammenfügen solle, damit sich der Beweis für seine eigene Fortexistenz ergeben könne. Und als man dieser Aufforderung nachkam, erhielt man einen

Zusammenhang, der eindeutig nur von ihm verfasst worden sein konnte. Und nun möchte ich einmal die Physiker fragen, wie sie dieses Phänomen erklären wollen ... In den verschiedensten Büchern wird über jenen berühmten Fall der sogenannten "cross correspondonce" berichtet, wie zum Beispiel in dem Bestseller von Johannes von Buttlar. [20]

Wenn Dinge verschwinden und plötzlich wieder da sind

Im Juni reisten wir aus dem geerbten Schlösschen von Sinaida ab. Als ich meinen Laptop einpackte, vermisste ich jedoch den Datenstick. Ich habe alles durchsucht. Er hatte noch am Tag zuvor auf meinem Laptop gelegen, den ich vom Schlafzimmer in mein Arbeitszimmer getragen hatte. Nun suchte ich überall. Immer wieder. Anfang September kehrten wir zurück. Einen Tag vor unserer Abreise lag der Stick auf einmal auf dem Boden im Schlafzimmer - ganz offen. Den hätten wir vorher sicherlich dort gefunden. Wer hatte ihn dematerialisiert und versteckt gehalten, ihn jetzt aber wieder materialisiert? Etwa Sinaidas verstorbener Gatte als erdgebundener Geist? Oder war es ein anderer Erdgebundener, der uns einen Streich spielen beziehungsweise auf sich aufmerksam machen wollte?

In Goa/Indien ging ich in ein Geschäft mit Internetanschluss. Dort benutzte ich auch meine PC-Maus. Einen halben Kilometer weiter kam ich in mein Hotelzimmer zurück. Die Maus war nicht da. Ich suchte überall. Ich ging zurück ins Geschäft, auch dort war sie nirgends zu finden. Am nächsten Morgen öffnete ich meinen Schrank, und ganz offen auf meinen Hemden lag die Maus.

Ich erzählte diese Zufallsereignisse einem Freund, und er berichtete mir dieses wirklich eigenartige Erlebnis: Er ging mit

Freunden baden. Er hatte sein T-Shirt um den Kopf gewickelt. Dieses legte er ab, bevor er ins Wasser sprang. Als er aus dem Wasser kam und nach seinem T-Shirt suchte, war es verschwunden. Er verdächtigte den Hund, dass dieser es weggeschleppt haben könnte. Alle halfen nun beim Suchen. Als er nach Hause kam, lag es über dem Stuhl.

Ist Ihnen schon einmal ein ähnliches Zufallsereignis passiert? Wer dematerialisiert Gegenstände und zaubert sie an einen anderen Ort und legt sie zur Verwunderung seiner Besitzer wieder ganz offen hin? Das müssen wirkliche Könner sein, denn es ist nicht selbstverständlich für einen unsichtbaren Erdgebundenen oder Jenseitigen, Dinge unsichtbar zu machen und sie am selben oder an einem anderen Ort wieder zu platzieren. Wir wissen immer noch zu wenig über die unerklärbaren Kräfte und die mit ihnen spielenden Unsichtbaren.

Sinaida passierte einmal etwas sehr Ähnliches. Nachdem sie ihren Wagen abgeschlossen hatte, gingen wir in einen Supermarkt. Als wir zum Auto zurückkehrten, fand sie ihren Schlüsselbund nicht. Wir fragten im Laden nach, nirgends war er zu finden. Wir riefen den ADAC-Dienst an, der dann auch kam und den Wagen öffnete. Vielleicht hatte sie ja den Schlüsselbund innen liegen lassen, und der Wagen schloss sich von alleine ab. Aber auch dort war er nicht zu finden. Der Mann vom ADAC startete dann den Motor für uns, so dass wir nach Hause fahren konnten. Vielleicht hatte sie ihn beim Hinausgehen verloren und jemand hatte ihn bei der Polizei oder im Fundbüro abgegeben. Ich ging einige Tage später sowohl zur betreffenden Polizeistelle, auf der kein gefundener Schlüsselbund abgegeben worden war, wie auch zum Fundbüro, wo man mir viele Schlüsselbunde zeigte. Doch an ihrem Bund hing der lange dicke Schlüssel für das Schlosstor. Somit hätte ich sofort erkennen können, ob er dabei war. Er war also auf Nimmerwiedersehen verschwunden. Ein Jahr später besuchte sie ihre

Tochter, die einen Sessel aus dem Erbe ihres Vaters in ihrer Wohnung stehen hatte. Sinaida setzte sich nieder und langte wie zufällig in die seitliche Sesselritze – und was hielt sie in der Hand? Jenen von uns lang vermissten Schlüsselbund. Wie kam er zufällig hierher? War es wieder ihr verstorbener Ehemann, der uns wieder einen Streich spielen wollte? Solche Streiche, verbunden mit Zufällen, sind eine Leidenschaft von kundigen Erdgebundene oder auch von Jenseitigen, die sich solche Zufallsspielchen einfallen lassen und sie zum eigenen Ergötzen in die Wege leiten.

In meiner damaligen Berliner Wohnung in Kreuzberg passierte etwas Ähnliches. Ich fand meinen Schlüsselbund, den ich noch vorhin in der Hand gehalten hatte, nicht. Er hing nicht an dem Haken neben der Tür. Ich hatte doch heute Morgen den Mülleimer geleert. Sollte er ...? Ich ging zum Hof hinunter und öffnete die Klappe des großen Müllcontainers. Und oben auf dem Müll lag mein Schlüsselbund. Wie kam der zufällig hierher? Und wer hatte mir die Eingebung gegeben, in diesem Container nach ihm zu suchen? Das ließ mich lange nachdenken, wer von den Unsichtbaren dieses Spielchen mit mir trieb.

In dem Bungalow neben mir auf der Andamaneninsel Havelock im Bengalischen Golf hatte sich eine österreichische Lehrerin einquartiert. Ich erzählte ihr von meinem Buch über Zufälle, und sie berichtete mir nun ihr eigenartiges Zufallserlebnis. Sie ging im Winter mit ihrer Freundin spazieren, als plötzlich dicke Schneeflocken herabfielen. Zu der Haustür zurückgekehrt, fand sie ihren Schlüssel nicht, mit dem sie ja vor einer Stunde noch die Tür verschlossen hatte. Sie ging ein paar Schritte in den Schnee und griff mit ihrer Hand einfach durch die Schneedecke hindurch – und hatte dann zufällig ihren Schlüssel in der Hand. Wer hatte wohl ihre Hand genau dorthin gelenkt?

Und hier noch ein besonderes Zufallsereignis. Eine Rucksacktouristin in Peru verlor in einem Wasserfall ihre Kontaktlinse.

Drei Tage später wusch sie ihre Unterwäsche im selben Fluss weiter abwärts. Dann sah sie etwas auf einem Stein blinken. Dort fand sie ihre Linse, die sich festgeklebt hatte. Es ist eigentlich fast zu unglaublich, um wahr zu sein. Wer hatte sie zufällig gerade dort waschen lassen, wo die vermisste Linse klebte? Und wer hat wohl dieses zufällige Ereignis initiiert?[60]

Wenn Erdgebundene Zufall spielen

Erdgebundene Wesen sind solche, die ihren Erdenkörper abgelegt haben und – aus welchen Gründen auch immer – auf der Erde für uns unsichtbar weiterhin existieren. Beim Austritt aus dem materiellen Körper verbleiben viele, anstatt mit den sie Abholenwollenden mitzugehen, mit ihrem Ätherkörper samt dem Astral- und Emotionalkörper in der gegenwärtigen Welt, ohne aber normalerweise gesehen zu werden. Sie glauben, sie befinden sich in einer Traumwelt. Wollen sie Gegenstände anfassen, so greifen sie hindurch. Doch lernen sie bald, durch geschlossene Türen, Fenster oder Wände zu gehen. Wenn sie eingeübt haben, durch Konzentration einen Gegenstand in Bewegung zu setzen, dann können sie solches bewirken. Einige lernen es schnell, andere nie. Letztendlich werden sie alle einmal in unsere eigentliche jenseitige Heimat zurückgelangen. Wie wir im vorherigen Kapitel schon vermerkt haben, können nicht nur Jenseitige, sondern auch Erdgebundene etwas verschwinden lassen.

Ja, sie mögen gelernt haben, allein mit der Vorstellungskraft Laute oder Klopfzeichen von sich zu geben. Oft bleiben sie an ihr Haus oder Grundstück gebunden. Sie mögen dann, wenn sie die Hinterbliebenen auf sich aufmerksam machen oder sie einfach aus Spaß in Verwunderung versetzen oder sie auch bis hin zu Angstgefühlen treiben wollen, nachts vielleicht zur Geisterstunde um Mitternacht auf die Hausklingel drücken, an eine Wand oder

Tür allein mit ihrer Vorstellungskraft klopfen oder aber über dem Schlafzimmer auf dem Dachboden deutlich tapsende Schritte ertönen lassen. Und zufällig mag solches zur selben Stunde über eine gewisse Zeit hinweg geschehen. Wenn man diesen Geräuschen nachgeht, wird man niemanden entdecken. An der Tür könnte ja möglicherweise jemand aus Spaß um Mitternacht geklingelt haben. Aber dass jemand auf dem Dachboden zufällig deutlich tapsende Geräusche verursacht, und zwar immer um die gleiche Zeit, kann ja nicht zufällig geschehen sein. Über diese Phänomene habe ich hin und wieder gehört, sogar aus Familienkreisen, wo man eine erst kürzlich verstorbene Person in Verdacht hat, sich bemerkbar machen zu wollen. Ich habe ja oben schon mein Erlebnis mit einem hörbaren Klopfzeichen wiedergegeben. Und wenn diese zufälligen Störgeräusche, die einen vielleicht auch aus dem Schlaf wecken, nicht aufhören, sollte man eine Person kommen lassen, die sich darin auskennt, sich mit diesen Erdgebundenen zu verständigen, und ihnen mit jenseitiger Hilfe anbietet, sich jetzt von einem ihrer verstorbenen Nahestehenden abholen zu lassen. Und zufällig wird dann kein Klopfen, Tapsen oder Klingeln mehr ertönen.

Und es gibt, wie man weiß, auch Schlossgeister, die eventuell schon seit Hunderten von Jahren dort ihr (Un-)Wesen treiben. Für sie hat die Zeit aufgehört zu existieren. Sie verstehen unsere Welt nicht mehr und wähnen sich in Träumen. Mit ihrer Vorstellungskraft können sie aber ihren Ätherkörper in weißen Umrissen erscheinen lassen und uns dadurch einen Schreck einjagen. Wenn solches in einem bestimmten Haus geschieht, wird man sicher schleunigst wieder ausziehen. Und zufällig wechselt der jeweilige neue Mieter schon bald nach Einzug das betreffende Haus.

Wenn man zufällig von jemandem hört oder sich zufällig begegnet

Wenn das Telefon klingelt, weiß man oft schon, wer von den in Frage kommenden Anrufern es jetzt um diese Uhrzeit sein könnte. Aber manches Mal ruft jemand an, von dem man jahrelang nichts vernommen hatte. Während man zum Telefon geht, denkt man an diese bestimmte Peron – und tatsächlich, sie ist es. In der Quantenphysik spricht man von Verschränkung. Wir sind mit allen Personen, vor allem mit den uns Nahestehenden, verschränkt, denn jede Person hat eine bestimmte Vibration, die alles durchdringt und welche auch am anderen Ende der Welt für eine andere Person, an die man intensiv denkt, fühlbar sein kann. Es ist also oft kein Zufall, dass wir an jemanden denken, der zufällig auch im selben Augenblick an uns denkt. In der Zwillingsforschung kennt man das Phänomen der Personenverschränkung auch. Bricht sich ein Zwilling in Japan plötzlich den Arm, verspürt der andere zu Hause in Europa auf einmal einen kräftigen Schmerz im Arm. Unsere Gedanken kennen keine Entfernungen. Genau wie Radiowellen ungehindert durch Wände und über sehr weite Entfernungen gehen können, so sind auch Gedanken ungehindert in ihrer Ausbreitung, und vielleicht kann man diese auch in Parallelwelten, aber ganz besonders im sogenannten Jenseits empfangen, wie auch umgekehrt.

Auch kann eine Mutter, die im Garten die Wäsche aufhängt, auf einmal fühlen, dass ihrem Kind im Zimmer gerade etwas Schlimmes passiert ist, ohne irgendeinen Laut vernommen zu haben. Sie eilt nach oben und sieht ihr Kind mit einer Kopfverletzung am Boden liegen, da es aus dem Kinderbettchen geklettert ist. Mütter sind mit ihren Kindern meist im besonderen Maße verschränkt. So beruht dieses instinktive Wissen, dass ihrem Kind gerade etwas passiert ist, nicht auf Zufall, sondern es ist durch die seelische Resonanz bedingt.

In dem Buch von Uri Geller[14] ist auf einer Vorderseite ein roter Kreis abgebildet. Über diesem befinden sich seine Augen. Auf dem Nebenblatt steht, dass man einen oder zwei Finger auf den Kreis legen möge, um sich dann etwas zu wünschen. Dieser rote Punkt wurde in mehreren Zeitschriften der Welt abgedruckt. Und Tausende von Anrufern berichteten der betreffenden Redaktion erstaunt über ihre Wunder. Eine Frau hielt zum Beispiel ihre Finger auf den roten Kreis und wünschte sich zu wissen, ob ihr Vetter, von dem sie über zwanzig Jahre nichts gehört hatte, noch lebe. In demselben Augenblick klingelte das Telefon, und genau dieser Vetter rief sie aus Australien an. Wer von beiden hatte zuerst an den anderen gedacht, so dass jene oder jener mit ihm/ihr in Verbindung treten wollte? Wie auch immer – die Gedanken haben den anderen selbst über die große Entfernung erreicht und reagieren lassen. Eine Frau berichtete, dass ihr Kater seit über drei Wochen verschwunden war. Sie fragte nun Uri beim Berühren des roten Punktes, ob ihre Katze noch lebe. Und während sie die Finger noch auf den Punkt hielt, miaute es vor ihrer Tür. Ihr Kater war zurückgekehrt.

Eine Auswahl der besten Beispiele an zufälligen Begegnungen findet man in den zahlreichen Büchern, die sich mit Zufällen beschäftigen. So habe ich natürlich viel darin gelesen, oder ich habe aus Zeitungsberichten oder persönlichen Gesprächen davon erfahren. Auf einem großen Treffen von Polizisten in Amerika sahen sich zwei Männer verdutzt an, denn jeder hatte vor sich das Spiegelbild seiner selbst. Sie kamen aufeinander zu und stellten fest, dass sie als eineiige Zwillinge früh voneinander getrennt worden waren. Doch vollkommen perplex waren sie, dass beide eine Frau mit dem gleichen Namen - wenn ich mich erinnere, hieß sie Linda - hatten, dass sie ihren Kindern ebenfalls den gleichen Namen gegeben hatten - und zu guter Letzt war auch der Name ihres Hundes identisch. (Gerade, wo ich diese Zeilen auf der Insel Mayotte schreibe, bellt vor meinem Fenster ein Hund, der dort bisher noch niemals bellte. Was hätte jetzt C. G. Jung gesagt? Synchronizität der Ereignisse! Welcher Schelm hatte mir diesen Zufallsstreich gespielt? Ich werde euch neckischen Schelmen noch auf die Spur kommen, bin ich doch als schriftstellender Bewusstseinserweiterer auf die Welt gekommen, um Licht hinter vielen Geheimnissen aufleuchten zu lassen.) Auch die Freizeitinteressen der beiden Männer waren identisch. So viele Zufälle auf einmal! Wie kann man diese Zufälle erklären? Wenn man einmal höhere Einmischungen beiseitelassen möchte, dann sind beide Zwillinge sehr miteinander verschränkt. Unbewusst bekommt der eine selbst über größere Entfernungen hinweg die Gedanken und vielleicht sogar die Gefühle des anderen mit.

Ich habe von einem anderen interessanten Beispiel gehört. Ein Mann stand in Köln auf dem Hauptbahnhof und wartete neben einer jungen Dame auf den Zug. Sie bestiegen den Zug gemeinsam und stellten fest, dass sie Geschwister waren, die von den Eltern zur Adoption freigegeben worden waren und somit nichts voneinander gewusst hatten. Hat höheres Einwirken hier wohl mitgespielt? Oder handelt es sich hierbei um vibratorische Anziehungskraft, die sich aus Familienbanden ergibt?

Ich habe gelesen, dass ein Deutscher, der in Indien zu einem Mönch der Jainas geworden war, sich barfuß auf dem Weg nach

Srinagar befand. Dort übernachtete er in einem Tempel und traf einen buddhistischen Mönch. Beide fielen sich in die Arme, denn sie hatten in Deutschland auf der Schulbank nebeneinandergesessen. Ist diese unerwartete Begegnung nun bloßer Zufall, ober steckt eine tiefere Bedeutung dahinter?

Als ich von der Mensa als Student zu meiner Wohnung zurückging, dachte ich intensiv an eine attraktive Studentin, die ich schon lange nicht mehr gesehen hatte. Und plötzlich kam sie mir von der U-Bahnstation entgegen. Wie ist diese Zufallsbegegnung einzuordnen? War ihre Vibration in mir registriert? Und als sie, von mir noch nicht gesehen, ihre Vibrationen ausstrahlte, sind diese von mir registriert worden, so dass ich unwillkürlich an sie denken musste?

Und nun noch ein verdeutlichtes Beispiel von Personenverschränkung durch Vibrationsübertragung. Mirka, die zweite Frau des Mitverlagsgründers Manfred Huber und Leiterin der Verlagsauslieferung des Verlags "Die Silberschnur", erzählte mir Folgendes: Auf der Frankfurter Buchmesse stand sie vor einem Fenster und schaute in den regenverhangenen Himmel. Dann dachte sie daran, dass zu Hause mal wieder die Saunaheizung eingestellt werden müsste. Und als sie sich umdrehte, steht jener Autor, der über die Verlagsauslieferung ein Fachbuch über Saunas vertreiben ließ, unmittelbar vor ihr. Bei diesem Zufallsgeschehen hat eindeutig das Verschränkungsprinzip Vorrang vor eventueller unsichtbarer Einmischung.

Doch manches Mal sind Begegnungen nicht allein mit der Verschränkungstheorie zu erklären. Eine Stewardess berichtete mir, dass sie während eines Fluges bei dem plötzlichen Ruckeln des Flugzeuges in die Arme eines sitzenden Mannes gefallen war, der sie heiratete. Wenn Ehen also schon im Jenseits geplant werden, dann müssen wir uns fragen, wer nun dieses Ruckeln des Flugzeuges veranlasst haben könnte? Big question. Warum hatte ihr Zukünftiger gerade jene Maschine gebucht, in der sie ihn bediente? Warum war er bei dem Ruckeln der Maschine genau so platziert, dass sie in seine Arme fiel? Alles arrangierte Zufälle? Wer sind die Arrangeure?

Eine ähnliche Zufallsgeschichte ist in dem Buch von Martin Plimmer und Brian King zu lesen.[21] Der später berühmt gewordene Wagnertenor Lauritz Melchior saß als Musikstudent in seinem Garten und, eine Partitur studierend, sang die Arie "Komm zu mir, meine Liebe, auf den Flügeln des Lichts". Und plötzlich landete eine junge Frau an einem Fallschirm vor ihm im Garten. Es war die bayrische Schauspielerin Maria Hacker. Und nun, was wohl? Er heiratete sie 1925. Er sagte: "Ich dachte, sie ist mir vom Himmel zugeflogen." Jene Unsichtbaren, die diese Zufallsbegegnung arrangiert haben, müssen viel Humor gehabt und beim Gelingen der Aktion im Jenseits von Herzen gelacht haben. Ja, im Jenseits wird viel mehr gelacht als auf Erden. Schade, dass wir Erdenkinder das Leben so schwer nehmen und oft meinen, nichts zu lachen zu haben.

1985 war der erste Teil meines vierbändigen Farbromans mit dem Titel *Molar* erschienen. Von 1981 bis 1994 war ich Taxifahrer in Berlin. Dieser Roman war in sieben Farben geschrieben, was eine literarische Weltneuheit bedeutete. Aber kaum ein Leser wollte ihn kaufen, weshalb der Absatz stagnierte. Und in mein Taxi stieg eine junge Dame ein. Da sie ein Buch in der Hand hielt, fragte ich sie während der Weiterfahrt, was sie lese. Somit unterhielten wir uns über Bücher. Und dann sagte sie: "Ein Buch jedoch, das sollten Sie unbedingt lesen. Meine Freundin hatte es mir ausgeborgt. Es ist das Tollste, was ich je gelesen habe. Das Buch heißt *Molar* von einem Trutz Hardo." Und als ich ihr sagte, wer zufällig vor ihr am Steuer sitzt, war sie ganz aufgebracht: "Das muss ich unbedingt meiner Freundin erzählen." War das nicht ein nettes, liebevolles, mir von höherer Seite präsentiertes Zufallserlebnis, das wohl jeden Autor an meiner Stelle erfreut haben würde?

Da niemand meine selbst veröffentlichten Dramen kaufen wollte, nahm ich mir bei einem Spaziergang vor, diese zu verschenken und einem Freund ein Buch zuzuschicken - die Tragödie über den römischen Kaiser *Valerian*, der in die Gefangenschaft des persischen Königs geriet und dort wie ein Slave behandelt wurde. Als ich dieses Bühnenstück nun in ein Kuvert gesteckt und mit Anschrift und einer Briefmarke versehen hatte, klingelte das Telefon. Ein mir Unbekannter hatte im Internet zufällig, wie er meinte, dieses Drama entdeckt und wollte es bestellen. Dies war der erste Verkauf meines *Valerians*. Wer von meinen Geistfreunden hatte mir dieses kleine Erlebnis als Aufmunterung wohl zufällig zukommen lassen?

Im Verdijahr 2013 wollte ich mir den *Troubadour* anhören, da vor allem die beiden hochkarätigen Sänger Anna Netrebko und Placido Domingo mitwirkten. Als ich bei der Theaterkasse anrief, sagte man mir, dass diese Vorstellung schon seit einem halben Jahr ausverkauft sei. Ich musste also auf gut Glück versuchen, vor dem Opernhaus noch eine Karte auf dem Schwarzmarkt zu erstehen. Es gab aber viele, vor allem junge Leute, die wie ich ein Schild vor sich hielten, auf dem stand: "Karte gesucht." Schließlich erstand ich eine ziemlich überteuerte Karte in der vorletzten Reihe. Als ich kurz vor Begin meinen Platz eingenommen hatte, fragte mich die Frau neben mir: "Sind Sie nicht ...?" Ja, der war ich. Neben mir saß nun zufällig jene, deren erster Liebhaber ich als Student gewesen war. Purer Zufall? Oder ein abgekartetes Spiel von meinen unsichtbaren Freunden, die mir eine Überraschung bereiten wollten?

Nun noch ein fast unglaubliches Beispiel von Personenverschränkung - oder ist es doch als verblüffendes Zufallsgeschehen zu bewerten? Der Psychiater Brian Weiss berichtet in seinem

Buch *Only Love Is Real* die Geschichte von zwei seiner Klienten, die sich aber nicht kennen. Dieser Mann begegnet in dem nun aufgedeckten früheren Leben einer Frau und gibt seinen und ihren vormaligen Namen an. Als eine Klientin einige Tage später in die Praxis von Dr. Weiss kommt und in Trance in ein früheres Leben versetzt wird, befindet sie sich zufällig genau in jenem Leben, welches der andere Klient erlebt hatte, und gibt auch die beiden damaligen Namen an ... Dieser Stoff hat mich gereizt, eine Reinkarnationskomödie zu verfassen mit dem Titel *Liebe auf den ersten Blick*.[70]

Kleine Zufälle, die uns staunen lassen

Meine Webdesignerin erzählte mit Folgendes. Sie hatte ein Döschen mit einer Desinfektionslotion. Als dieses leer geworden war, ging sie in ihre Drogerie, um die Lotion erneut zu kaufen. Aber zu ihrer Enttäuschung war diese nicht mehr vorrätig. Am Abend bekam sie Besuch von einem Freund, der ihr ein in buntes Papier eingewickeltes Geschenk überreichte. Als sie es auspackte, war es zufällig genau jene Desinfektionslotion, die sie vergeblich im Laden gesucht hatte.

Als ich mich mit Sigmund Freud beschäftigte, hatte ich mir in einem Buchladen auch das Buch seiner Tochter Anna über ihren Vater bestellt. Als ich mich mit dem Auto zur Buchhandlung begab, stellte ich das Radio an. Und was glauben Sie? Es wurde ein Interview mit Anna Freud wiedergegeben. Wer hatte mich wohl aufgefordert, das Radio anzustellen? Sie erinnern sich an die erhobene Hand von Elisabeth? "Thank you, guys!"

Etwas Ähnliches ist René, dem Gatten von Mira Coudris (gest. 2013), passiert. Mira war nach meinem Dafürhalten eines der allerbesten deutschsprachigen Medien. Sie channelte keinen Geringeren als C. G. Jung. Er benutzte in seinen Durchgaben auch Worte, die sie anfangs gar nicht verstand. Zum Beispiel Synchronizität. Durch sie habe ich mich selbst mit ihm unterhalten können, womit in der Folge dann auch drei der von Mira gechannelten Bücher im Silberschnur Verlag verlegt worden sind.[22] Manchmal, wenn dieser berühmte Psychologe durch die in Trance Befindliche zu einem Besucher sprach, weilte auch ihr kleiner Sohn im Zimmer. Dieser konnte den Unsichtbaren sogar sehen. Denn als René einmal zwei vergrößerte Fotografien von dem Jenseitigen anbrachte, deutete der Kleine darauf und sagte: "Mama, Mann über dir." Er wollte ihr zu verstehen geben, dass er diesen Mann immer wieder über ihr gesehen hatte während der gechannelten Vorträge oder Ansprachen. Als Mira für einen Besucher wieder einmal "CG", wie sie ihn nannte, channelte, fühlte René plötzlich in sich den Impuls, den Fernseher im Wohnzimmer anzustellen, also etwas zu tun, was am Tag sonst nie geschehen würde. Und als er den Fernseher eingeschaltet hatte, sieht er auf der Mattscheibe die Unterschrift von Jung in großen Lettern. Er kaufte sich dann am gleichen Tag noch eine Fernsehillustrierte und sah nach: Jawohl, genau um jene Zeit gab es einen Bericht über C. G. Jung. René hatte also gerade noch das allerletzte Bild mit jener Signatur sehen können. Und nun frage ich Sie, liebe Leserinnen und Leser: Wer hat René wohl dazu angehalten, am Tag den Fernseher anzustellen? Ist es nicht interessant, dass sogar Verstorbene, die auf Erden viel Rühmliches erreicht haben, sich immer noch engagieren, um aus dem Jenseits aufklärend und vermittelnd einzugreifen und sogar durch Zufälligkeiten einen Beweis ihrer wahren Existenz zu geben?

Als ich Anfang November 2014 in Gladbeck/Ruhrgebiet ein von *Die Andere Realität* organisiertes Seminar abhalten sollte, hatte ich mich total verfahren. Mein Navigationsgerät hatte seinen Geist aufgegeben. Ich konnte auch nicht zurückfahren, denn wegen Bauarbeiten war die andere Straßenseite gesperrt. Ich fuhr nach Gutdünken darauflos und landete schließlich auf einem kleinen Sträßchen. "Bitte helft mir, damit ich noch pünktlich zum

Seminar komme." Ich nahm dann eine durch Wiesen führende Straße, bis ich zu einer Hauptstraße gelangte. Soll ich nun nach rechts oder nach links abbiegen? Ich (?) entschied mich für rechts. Zum Glück sah ich eine Tankstelle. Hier konnte ich mich endlich bei jemandem nach dem Weg erkundigen. Ich erblickte den Tankwart, der sich mit einem jungen Pärchen unterhielt. Ich fragte diesen nun, wie ich ins Bürgerhaus Gladbeck gelangen könne. Und das Pärchen antwortete: "Genau dort fahren wir auch hin. Sie können uns folgen." Was für ein Zufall! Und über zwei kurze Autobahnstrecken und einige Straßen samt Abbiegungen gelangte ich noch pünktlich zu meinem Seminar. "Thank you, guys!"

Ich bin kein Heiliger. Deshalb erzähle ich Ihnen auch diese Zufallsgeschichte. Ich hatte mich als Junggeselle mit einer verheirateten Autorin verabredet. Sollte ich mit ihr in ein Hotel gehen? Durfte ich das? Und als ich mit dem Auto zu dem verabredeten Treffpunkt fuhr und ich mir immer noch nicht im Klaren darüber war, ob oder nicht, las ich über dem Nummernschild des vor mir fahrenden Fahrzeugs: "Habe Mut. Zögere nicht." Ein weiterer Kommentar ist nun überflüssig.

Ich kenne eine Fingermalerin in Berlin. Sie tunkt einen Finger in die vor ihr auf einem Teller ausgedrückten Pastellfarben, schließt die Augen und lässt nach einem kurzen Gebet ihre Hand mit der jeweils eingetauchten Farbe führen. Und alles geht so schnell, dass solch ein Bild nach zwei, drei Minuten fertiggestellt ist. Und sobald sie die Augen öffnet, erkennt sie zu ihrem Erstaunen, dass wieder deutliche Gesichter auch nach dem Herumdrehen zu sehen sind. Als sie auch für mich solch ein Bild zeichnete und ich ihr einen kleinen Obolus zuschob, sagte sie mir, dass sie von niemandem für eines ihrer gemalten Bilder Geld bekomme oder angenommen habe. Sie sei ganz arm. Sie hatte mir, wie sie weiterhin erzählte, sich bei ihren unsichtbaren Malern vor einigen Tagen beschwert, warum sie ihr nicht auf irgendeine Weise Geld zukommen lassen könnten. Und als sie wenig später zum Müllkontainer ging, um ihren Eimer zu entleeren, fand sie obendrauf einen Tausendmarkschein. Wer hatte ihr diesen zu ihrer überschwänglichen Freude wohl dort hingelegt? Ihr verstorbener Mann? Ihr Geistführer? Einer der ihren Finger führenden Maler? Oder gar einer ihrer Engel? Es gibt eine ganze Phalanx von Zufallsbereitern. Wir werden also noch mehr über Derartiges zu lesen bekommen.

Im November 2011 bestellte ich mir den immer prächtigen und mit schönen Weisheitssprüchen ausgestatteten *Yoganandakalender*. Aber man schickte mir fälschlicherweise den Weltbestseller *Autobiographie eines Yogi*, den ich natürlich schon seit Jahren besaß. Sollte ich ihn zurückschicken? Doch am Abend bekam ich Besuch von meiner Halbschwester Stella und ihrer Tochter. Sie hatte ihr im Zug von diesem Buch erzählt und fragte mich, ob ich es hätte und es Felicitas ausleihen könne. Nun war es mir eine Freude, das Buch hervorzuholen und es ihr zu schenken. War dieses Ereignis etwa auch von höherer Seite arrangiert worden?

Eine Bekannte sandte mir eine Mail, in der ihr eine Frau Folgendes schrieb: "Ich habe einen Computer geschenkt bekommen. Mit dem neuen Rooter in der Hand bat ich das Universum, dass ich jetzt jemanden zum Installieren benötige. Minuten später läuft mir ein Nachbar über den Weg, der sagt: 'Ach, du hast deinen Computer jetzt. Soll ich ihn dir installieren?'" Also auch eine Bestellung beim Universum kommt oft zufällig an. Doch wer sind die Helfer?

Ich rief aus Westdeutschland eine Freundin in Berlin an. Und sie sagte, dass ich gerade im Fernsehen zu sehen sei. Somit konnte ich noch einen Teil dieser Sendung per Telefon mit anhören. Wer hatte mir die Idee eingegeben, gerade diese Freundin jetzt anzurufen, gab es doch keinen wichtigen Grund dafür? Es könnte in diesem Fall beides vorliegen. Die Freundin sah diese

Übertragung und dachte an mich. Ihre vibratorische Aussendung kam bei mir, der ich mich einige Hundert Kilometer entfernt aufhielt, an, so dass ich an sie dachte und sie spontan anrief. Das könnte sich so verhalten haben. Aber ich bin anderer Meinung, denn meine jenseitigen Freunde wollten mir diese Zufallsüberraschung präsentieren.

Paul Esch, den mit seiner Gitarre herumziehende Wundermann aus Amerika, lud ich nach Deutschland ein, nachdem sich bei mir durch ihn eine mit Silberlegierung angefertigte Brücke plötzlich in Gold verwandelt hatte. Mit Paul unternahm ich in meinem Auto fünf Reisen durch Deutschland, Österreich und die Schweiz, und dieser Wundermann demonstrierte an derartigen "Goldabenden" seine besondere und, wie er sagt, von Gott gegebene Gabe, Amalgam in Gold zu verwandeln. Darüber habe ich ausführlich in meinem Buch *Fit sein für ein spirituelles Leben* geschrieben.[23] Was ich dort aber noch nicht beschrieben habe, da ich diese Begebenheit für dieses Buch aufsparen wollte, ist Folgendes. Außer den Goldabenden und seinen sehr erfolgreichen Heilungssitzungen veranstaltete er mit mir, seinem Übersetzer, Seminare mit dem Titel *Innerlich und äußerlich reich sein*. Jedem wurde ein DIN-A4-Blatt überreicht, auf welchem sich oben links eine gezeichnete Pyramide befand, von der ein Strich zu einem sich unten rechts befindlichen quadratischen, leeren Feld führte. In der Mitte dieses Strichs war ein gezeichneter Knopf zu sehen. Jedem wurde ein kleiner klebender Zettel übergeben, auf welchen er einen Wunsch notieren durfte, der dann in jenes quadratische Feld zu heften war. Nun musste sich jeder bei einem Gebet vorstellen, dass sich dieser Wunsch erfüllt. Alsdann sollte man mit dem Finger auf jenen Knopf drücken, so dass die von Paul und seinen "Helfern" gespeicherte Energie in den Wunsch fließen konnte. Eine Bekannte von mir hatte auf ihrem Zettel als Wunsch 100 000 DM notiert. Als die Teilnehmer sich nach diesem Wunschritual miteinander austauschten, meinten einige zu ihr, dass sie ja maßlos gewesen sei mit ihrem Wunsch. Eine Woche später wiederholte Paul in einem anderen Ort dieses Seminar, und meine Bekannte war wieder dabei. Diesmal wollte sie sich eher zurückhalten und notierte auf den Wunschzettel 50 000 DM. Und Sie werden es nicht glauben. Ein paar Tage danach erhielt sie einen Scheck über 150 000 DM als eine übersehene Nachzahlung aus der Lebensversicherung ihres verstorbenen Mannes. Wie wurde dies alles arrangiert?

Es gibt genügend Beispiele von sogenannten Glückspilzen. Sie gewinnen nicht nur einmal im Lotto, beim Roulette oder beim Preisausschreiben, sondern gleich zwei-, drei-, viermal hintereinander. Wie können so viele Zufallstreffer auf eine Person fallen? Hat diese Peron anderen in früheren Leben geholfen oder viel gespendet, so könnten jetzt spirituelle Leute vermuten, so dass diese Person nun eine Belohnung für ihre damaligen großzügigen Taten bekommt? Denn alles, was einem widerfährt, hat einen Sinn.

In der Literatur werden viele derartige Zufallsberichte wiedergegeben. Der bekannteste Zufall dieser Art dürfte jener aus Goethes *Der Ring des Polykrates* sein. Dieser Herrscher prahlte vor dem ägyptischen Pharao, dass er in allem Glück habe, wovon sich der Gast selbst überzeugen konnte. Schließlich streifte Polykrates den Ring von seinem Finger, den seine Geliebte ihm bei ihrem Tod übergeben hatte, und warf ihn ins Meer. Wenig später kam aufgeregt ein Fischer herbei und zeigte ihm eben den Ring, welchen er beim Aufschneiden eines soeben gefangenen Fisches entdeckt hatte. Er hatte ihn als den Ring seines Herrschers erkannt. Kennen Sie, liebe Leserin oder lieber Leser, ebenfalls besondere Glückspilze? Oder sind Sie vielleicht zufällig selbst einer?

Der holländische Arzt Hans C. Moolenburgh schreibt in seinem Buch *Warum es keinen Zufall gibt* Folgendes: "Kleine Zufälle sind wie ein Lächeln aus dem Himmel. (...) Doch große Zufälle müssen ebenso wie bedeutungsvolle Träume übersetzt werden."[24] Und Sie und ich werden beim Weiterlesen gemeinsam versuchen, die Geheimnisse der großen Zufälle zu lüften, soweit es uns möglich ist.

Unfälle, die zufällig gut oder tragisch ausgehen

Vor einigen Jahren passierte über dem Bodensee ein furchtbares Unglück. Russische Schüler sollten zu einer Veranstaltung nach Spanien fliegen. Der Busfahrer mit Schülern aus dem Ural fuhr jedoch anstatt zu dem nördlichen Flughafen zu dem über fünfzig Kilometer entfernten südlichen Airport. Die Maschine flog folglich ohne die Schüler aus dem Ural ab. Über Überlingen krachte dieses Flugzeug mit einem Frachtflugzeug zusammen. Alle in beiden Flugzeugen fanden den Tod. Der Leitpilot auf dem Schweizer Flughafen Kloten war gerade mal kurz auf der Toilette und verließ sich auf einen neben ihm sitzenden Kollegen, der aber andere ankommende Flugzeuge zu leiten hatte.

Der Parapsychologe Elmar Gruber hat recherchiert, dass sich bei Flugunglücken eigenartigerweise weniger Passagiere an Bord befinden als bei normalen Flügen. Wie kann das sein?[25] Zufall? Und wenn man James Van Praagh, dem zur Zeit wohl bekanntesten amerikanischen Medium, glauben will, dann war das auf keinen Fall Zufall. Denn er schreibt: "Unfälle sind keine Zufälle. Sie sind vorherbestimmt. Dieses betrifft sowohl Auto- und Busunfälle, Flugzeugabstürze und Todessursachen wie Ertrinken, Stürze, Brände und andere sogenannte Unglücksfälle."[26] Sollte dieses Medium, dessen Durchgaben sich meist als treffend beweisen, etwa

Recht haben? Sollte das also heißen, dass alles, was uns zufällig oder wie auch immer zufällt, nichts mit Zufall zu tun hat, sondern vorherbestimmt ist?

Hin und wieder lesen wir in der Zeitung, dass ein Kind von einem Balkon aus dem soundsovielten Stock gefallen ist. Manches Mal ist es fast unversehrt geblieben, manches Mal ist es mit kleineren bis größeren Verwundungen oder Brüchen davongekommen. Normalerweise müsste jemand, der aus dem zehnten Stock herabstürzt, sein Leben beendet haben. Wer beschützt eigentlich die Kinder? Wir sprechen gerne von Schutzengeln. Haben die Kinder bei ihnen einen Sonderstatus, damit sie mit keinem Schaden oder wenig Schaden solche Stürze überleben? Aber auch Erwachsene haben oft einen Schutzengel, den man als solchen bezeichnet, da dieser Geist sie in besonderen Situationen beschützt. Hier ein Beispiel von Zufall.

Conny Wiergowski, die mit ihrem Mann Dieter die spirituelle Zeitschrift *Die Andere Realität* herausgibt, berichtete mir Folgendes. Sie war im neunten Monat schwanger. Plötzlich wurde sie vor Schmerzen ohnmächtig. Sie war ganz allein. Dieter, der auswärts Nachhilfestunden gab, würde erst am Abend zurückkehren. Doch da ein Schüler abgesagt hatte, kam er früher als geplant nach Hause und sah Conny leblos am Boden liegen. Er alarmierte den Notarzt, der sie sofort ins Krankenhaus transportieren ließ. Dort teilte man Dieter mit, dass, wenn sie nur eine Stunde später eingeliefert worden wäre, sie nicht überlebt hätte. Wer nun hatte veranlasst, dass jener Nachhilfeschüler absagte, weshalb Dieter früher nach Hause kommen konnte?

Eine Klientin berichtete mir Folgendes. Mit achtzehn Jahren wollte sie sich das Leben nehmen. Sie leerte eine ganze Schachtel mit Schlaftabletten, legte sich aufs Sofa und wartete auf den Tod. Es war erst Nachmittag. Ihr Vater würde erst gegen Abend nach

Hause kommen, während die Mutter zu Besuch außerhalb weilte. Doch kaum hatte sie sich hingelegt, kam der Vater herein. Er alarmierte den Notarzt, so dass ihr noch rechtzeitig der Magen ausgepumpt werden konnte. Die Schicht des Vaters endete normalerweise gegen 19 Uhr. Doch da der für eine Nachtschicht Vorgesehene erkrankt war, bat man den Vater, die Nachtschicht für diesen zu übernehmen, weshalb er nun früher nach Hause gehen konnte. Wie musste dabei der Schutzengel oder jenseitige Helfer vorgegangen sein, um das Leben der Achtzehnjährigen zu retten? Wir sehen, mit welchem Repertoire die Engel und geistigen Helfer ausgestattet sind, um dort keinen Unfall oder einen Tod geschehen zu lassen, wo er noch nicht stattfinden darf.

Und noch ein anderes Beispiel, wie "Engel" wirken. Es ist aus dem sehr lesenswerten Buch des Wissenschaftsjournalisten Bernd Halder.[27] Eine Frau saß nachts am Steuer. Ihr Mann schlief neben ihr, während die beiden Kinder hinter ihr ebenfalls schliefen. Plötzlich machte sie in einem Kreisverkehr eine Vollbremsung. Sie konnte gerade noch einem Lastwagen ausweichen, der sie sonst voll getroffen hätte. Die drei Schlafenden waren natürlich sofort ganz erschrocken aufgewacht. Später lobte der Mann seine Frau, dass sie so schnell reagiert hatte. Und sie entgegnete: "Du hast mich doch angebrüllt, dass ich bremsen soll!" Er und die beiden Kinder bezeugten nun, dass er nichts geäußert, geschweige denn gebrüllt hatte. Hier ist nun das Phänomen zu verzeichnen, dass von unseren unsichtbaren Beschützern sogar Laute produziert werden, die nur der Betreffende hört. Doch es war doch die Stimme ihres Mannes gewesen ... Können jene Zufallskünstler auch Stimmen imitieren?

Bei Gustav Büscher[28] findet sich ein besonders bemerkenswertes Zufallserlebnis. Herr Forster fuhr in seinem mondänen Auto durch New York. Auf einmal lief ihm ein Mann in den Wagen und lag auf der Kühlerhaube. Der Millionär sprang aus dem

Auto, um dem Verletzten zu helfen. Dieser stieg von der Motorhaube herab und gab ihm eine kräftige Ohrfeige. Doch Herr Forster versetzte ihm einen Kinnhaken und schrie ihn an. Er war ihm dann aber beim Aufstehen behilflich und umarmte ihn. Er zog daraufhin sogar seine Brieftasche hervor, holte ein Bündel Banknoten heraus und rief mit tränenerstickter Stimme: "Sie können jetzt alles von mir haben, was sie wollen!" Die Umstehenden dachten, dass er verrückt geworden sei. Doch er war gar nicht verrückt geworden. Denn er hatte plötzlich seine Stimme wiedergewonnen, die er bei einem anderen Unfall vor mehreren Jahren verloren hatte. Was für ein Zufallsereignis! Wer hatte es arrangiert?

Noch ein weiteres Beispiel aus jenem Buch von Gustav Büscher.[28] Der Wagnertenor Jacob Caro sang in der Partie des Fliegenden Holländers gerade seine Arie *Die Frist ist um*. Dann sank er tot zu Boden. Wie ich einmal gelesen hatte, brach der Dirigent Erich Kleiber bei seinem Dirigat des *Tristans* von Wagner bei *Isoldes Liebestod* tot am Pult zusammen. Hatten der Tenor und der Dirigent vor ihrer Inkarnation abgemacht, dass sie genau bei der betreffenden Arie ihr Leben aushauchen wollten? Denn – und das wird schwer zu fassen sein – keiner stirbt zu einer nicht festgesetzten Stunde. Wie auch unsere Erzeugung, so ist auch unsere Sterbestunde kein Zufall.

Und noch eine unglaubliche Geschichte, die von dem Einwirken höherer Mächte berichtet. Am 11.9.2001 begann der erste der beiden Türme des World Trade Centers in New York nach einer hörbaren Explosion zu erzittern. Wer noch konnte, eilte auf die Treppen, denn Fahrstühle durften im Notfall nicht benutzt werden. Im zwölften Stock befand sich die mit den anderen hastig die Stufen nach unten rennende Genelle. Doch plötzlich stürzten die neunzig Stockwerke in sich zusammen. Diese Frau fiel mit dem nach unten nachgebenden Boden tief hinab, blieb aber darauf stehen. Nun war sie unten irgendwo im

Dunkeln angekommen. Die Trümmerteile hatten sich über ihr verkeilt, so dass sie wie in einem Sarg lag. Sie vernahm von nebenan eine Männerstimme, die um Hilfe schrie, bis diese dann verklungen war. Ihr rechtes Bein war eingeklemmt. In ihrer Verzweiflung flehte sie zu Gott, dass man sie retten möge. Nach mehreren Stunden gelang es ihr, einen Arm durch die Trümmerspalte zu strecken. Plötzlich drückte jemand ihre Hand. Eine Männerstimme nannte ihren Namen und sagte, dass er Paul heiße. Dann sagte er: "Genelle ... Bald holen sie dich hier raus. Es wird alles gut." Indem Paul ihr seine Hand reichte, hörten ihre schlimmen Schmerzen plötzlich auf. Und Paul redete ihr immer wieder ermutigend zu, dass man sie bald befreien werde. Und dann verabschiedete er sich, indem er wiederholte, dass alles gut für sie ausgehen werde. Dreiundzwanzig Stunden nach dem Einsturz des Towers wurde sie entdeckt. Und nach weiteren vier Stunden konnte man sie bergen und sofort in ein Krankenhaus bringen. Ihr rechtes Bein war mehrmals gebrochen. Und welch Wunder, nach sechs Wochen konnte sie das Spital als geheilt verlassen. Genelle hatte immer wieder gefragt, wer denn Paul gewesen sein mochte, der stundenlang ihre Hand gehalten hatte. Aber niemand kannte Paul. Für Genelle war klar, dass dieser Paul ihr Schutzengel gewesen sein musste. Zehn Jahre später veröffentlichte sie mit einem Coautor ihre Geschichte in einem Buch, das ein Jahr später auch auf Deutsch erschien unter dem Titel *Ich war 27 Stunden verschüttet - Engel gibt's wirklich. Eine wahre Geschichte.*[29] Wie viele Zufallszuwendungen mussten ihr zur Seite stehen, um diesen Absturz zu überleben? Und jener Paul, den sie als Schutzengel ansah, wie vermochte er in diesen Trümmerhaufen hineinzugelangen? Nun müssen wir etwas verstehen. Er war eventuell gar nicht wirklich in diesen Trümmern. Er konnte es sich einfach vorstellen, dort zu sein, seine Hand zu materialisieren, um ihre Hand zu halten. Und er konnte auch sozusagen seine Stimmbänder materialisieren, um ihr durchhaltende Ermunterungen zu geben. Und er vermochte auch spontan ihre Schmerzen zu beheben. Und wie konnte er im Voraus wissen, dass sie gerettet würde? Es gibt keine Zeit in der geistigen Welt. Alles ist Vorstellung. Und die Zukunft ist dort ebenfalls Gegenwart wie auch die Vergangenheit. Ich hoffe, ich habe Sie jetzt nicht überfordert. Denn alles ist Vorstellung. Und die höheren Geistwesen können diese nach Belieben manipulieren. Aber wenden wir uns jetzt wieder etwas weniger abgehoben Erscheinendem zu.

Zufälle in Verbindung mit Tieren

Es gibt zahlreiche Zufallsereignisse mit Tieren. Wir wissen, dass in Erdbebengebieten manche Tiere schon vor einem bevorstehenden Beben unruhig werden oder sich verkriechen. Bei einem bevorstehenden Tsunami, wie zum Beispiel 2004 in Südostasien, haben einige Tiere schon früh Zuflucht in höher gelegenen Gegenden gesucht, und Haustiere waren sehr aufgeregt. Ein solches Verhalten lässt aufmerksame Menschen aufhorchen. Und manche nehmen das auch als Zeichen, dass man sich schnellstens in Sicherheit zu bringen hat. Tiere sind meistens sensibler als Menschen. Haustiere sind oft auch mit den ihnen am nächsten stehenden Menschen im besonderen Maße verschränkt. Jeder, der einen Hund oder eine Katze zu Hause hat, weiß, wovon ich rede. Denn wenn der Hund an der Wohnungstür steht, weiß Frauchen, dass Herrchen im Anmarsch ist, auch wenn er sich noch weiter entfernt befindet. Katzen verhalten sich oft ähnlich. Es ist also kein Zufall, dass unsere Haustiere diese vorausahnenden Eigenschaften zeigen. Aber nun gibt es noch ganz verrückte Zufallsgeschichten.

Eine Frau erzählte mir Folgendes. Auf einem Regal lehnt ein größeres Hochzeitsbild. Nur am Hochzeitstag, also nur einmal im Jahr, setzt sich ihre Katze genau vor dieses Bild. Sicherlich, so meine Interpretation, gibt ihr verstorbener Gatte der Katze zu verstehen, dass sie sich als Zeichen seiner Anwesenheit dort hinsetzen soll. Und irgendwann las ich in einem Buch oder Zeitungsartikel, dass eine alleinstehende englische Katzenliebhaberin, die auf ihrem Hof über zwanzig Katzen besaß, plötzlich in das Krankenhaus einquartiert worden war. Sie musste nun längere Zeit dort behandelt werden. Nach einigen Tagen miaute es vor ihrer Krankenzimmertür. An dem Miauen erkannte sie schon, dass ihre Lieblingskatze den Weg dorthin gefunden hatte. Und als die Tür geöffnet wurde, schlüpfte sie hinein und sprang erfreut zu ihr aufs Bett. Diese Geschichte hat das Personal und schließlich auch die Krankenhausverwaltung dermaßen beeindruckt, dass sie erlaubten, dass dieses Tier, das mehr als zwanzig Kilometer von zu Hause bis zum Krankenhaus zurückgelegt hatte, ausnahmsweise bei Frauchen im Zimmer verweilen durfte. Haustiere sind im Besonderen bei uns Menschen, um uns bedingungslose Liebe zu demonstrieren.

Aber nicht nur Haustiere sind mit ihren Besitzern verschränkt. Denn ich las einmal, dass auf dem Grabkreuz eines vor kurzem verstorbenen Imkers sich auf einmal einer seiner Bienenschwärme niedergelassen hatte. Wie war das möglich? Zufall oder nicht? Auch die Bienen waren mit ihm, der sich immer fürsorglich und liebevoll mit ihnen beschäftigt hatte, vibratorisch verschränkt gewesen. Entweder wussten diese Insekten, wo sein Leichnam nun weilte, oder - und das ist meine Erklärung - er hatte als Geist diesem besonderen Bienenstock eingegeben, sich auf seinem Grabkreuz niederzulassen, um seinen Hinterbliebenen einmal ein Wunder zu präsentieren.

Ein ähnliches Zufallsereignis beschreiben die Autoren Plimmer/King.[61] Ein 1993 verstorbener Mann hatte zuvor mit einer Amsel ein besonderes Vertrauensverhältnis, so dass diese sogar aus seiner Hand fraß. Bei seiner Beerdigung waren trotz starken Regens viele Trauergäste, die von ihm Abschied nehmen wollten, versammelt. Und plötzlich, ungewöhnlich für einen Vogel bei strömendem Regen, hatte sich eben jene Amsel unweit der Beerdigungszeremonie niedergelassen und sang sich "tropfnass in diesem Wolkenbruch mit einem melodiösen, ununterbrochenen Lied die Seele aus dem Leib. Wir waren alle wie hypnotisiert." Und der Pfarrer erklärte, dass dieses Ereignis nicht auf Zufall beruhe. Es war, wie der Bruder des Verstorbenen sagte, "Gottes Hand, die uns allen Trost in unserem Kummer brachte."

Auch bei der Beerdigung von Elisabeth Kübler-Ross in Arizona ereignete sich ein ähnliches Zufallserlebnis. Eine ihr befreundete Schamanin, die sich Bluebird nannte, intonierte bei Trommelschlägen die Anrufung: "The eagle is coming." (Der Adler kommt.) Er sollte Elisabeth in die geistige Welt führen. Aber kein Adler zweigte sich. Jedoch auf dem benachbarten See schwammen viele Wildgänse, die auf einmal laut zu schnattern begannen und sich plötzlich mit Getöse in die Lüfte erhoben. Dieses besondere Ereignis hatte sich bestimmt die jenseitige, immer zu Scherzen aufgelegte Elisabeth ausgedacht, die sicherlich unsichtbar zugegen war. Und alle begannen auf einmal, herzhaft zu lachen.[62]

Und ich habe Folgendes irgendwo gelesen: Ein Brieftaubenzüchter aus der Gegend von Hamburg ließ Brieftauben zu seinem Kollegen in Bayern fliegen, so dass sie sich auf diese Weise Nachrichten zukommen lassen konnten. Nun war eine dieser Tauben aus dem Norden bei jenem in Bayern eingetroffen, wo sie im Stall mit anderen Brieftauben untergekommen war. Der Züchter aus dem Norden zog aber in der Zwischenzeit mit seinen ganzen Tauben in die Gegend von Saarbrücken. Doch als der andere Züchter, der nichts davon erfahren hatte, eine Taube des anderen aussandte, flog diese Taube zufällig nicht nach Norden in ihren heimatlichen Stall zurück, sondern fand den Weg zu dem neuen Stall im Saarland. Wie war das möglich? Gibt es auch eine vibratorische Verschränkung unter Tieren? Oder war das eine Verschränkung mit dem Taubenzüchter?

Uri Geller berichtet in seiner Autobiographie eine wunderbare Zufallsgeschichte mit seinem Hund.[14] Mit seiner Mutter war er nach ihrer Trennung von ihrem Mann nach Zypern umgezogen, wo Uri in Nikosia eine englischsprachige Schule besuchte. Er war in seiner Klasse nicht nur der Star, der wundervolle Dinge vollbringen konnte, sondern seine Vorliebe war es auch, Höhlen in der Nachbarschaft zu besuchen, wobei ihn auch manches Mal Klassenkameraden begleiteten. Nun hörte er von einer besonderen Höhle einige Kilometer nördlich von Nikosia. Er nahm sein Fahrrad und fuhr dorthin. Mit seiner Taschenlampe drang er in die unterirdischen Gewölbe vor und folgte den Gängen, einmal links, dann nach rechts und so weiter. Er hatte sich mit Kreide Markierungen an den Einbiegungen gemacht, um leichter den Weg zurückzufinden. Doch plötzlich erlosch seine Taschenlampe. Er versuchte, sich mit seinen Händen den Weg zurückzuertasten. Doch nach langem Bemühen gab er auf und bat in seiner Not Gott um Unterstützung, dass er den Weg nach draußen wiederfinden würde. Plötzlich hörte er das Bellen seines Hundes, den er zu Hause gelassen hatte. Wie kam er auf einmal hierher? Und sein Hund führte ihn aus dieser Dunkelheit wieder heraus. Wie konnte es geschehen, dass sein Hund diese vielen Kilometer zurücklegte, um ihn zu retten?

Im Jenseits werden wir alle unsere geliebten Tiere wiedersehen. Es ist kein Zufall, dass es sich so verhält. Denn das ist als besonderes Liebeszeichen von der göttlichen Vorsehung so für uns vorgesehen. Und solch ein Wiedersehen mit unseren geliebten Tieren erweitert unsere Ahnung von der göttlichen Liebe.

Was haben frühere Leben mit dem Zufall zu tun?

In meiner Praxis als Rückführungstherapeut führte ich vor zwei Jahrzehnten eine Frau namens Karin in eines ihrer früheren Leben zurück. Sie war 1812 in der Schillerstraße 7 in Aachen inkarniert und trug den Namen (ich habe den richtigen augenblicklich hier auf der Insel Mayotte nicht zur Hand) Günter Mayer. Er wurde Postbote und führte ein ganz normales Leben ohne große Ereignisse. Doch dann wurde er nach Niederaula in Hessen versetzt. Ich gab ihr diese Rückführung als Aufnahme auf einer Kassette mit. Nach mehreren Jahren fand sie sie wieder und hörte sie sich noch einmal an. Daraufhin beschloss sie, einmal nachzuforschen, ob das von ihr Erlebte und auf der Kassette Berichtete irgendeinen Wahrheitsgehalt hat. Sie rief also beim Einwohnermeldeamt in Aachen an und sagte, dass sie Ahnenforschung betreibe und nach einem Günter Mayer suche, der 1812 in Aachen in der Schillerstraße 7 geboren worden sei. Doch die Dame vom Einwohnermeldeamt vermittelte sie weiter an eine andere Stelle, wo Karin aber wieder nicht die gewünschten Informationen fand. Doch in der Kirchengemeinde St. Jakob hatte man zufällig noch ein Taufregister von 1811 im Keller. Die nette Dame schrieb sich den Namen und das Jahr auf und auch Karins Telefonnummer, denn sie wollte, wenn es ihre Zeit erlaubte, einmal nachsehen.

Und zwei Tage später an Karins Geburtstag (Zufall?) wird sie von jener Sekretärin angerufen. Diese teilte ihr mit, dass tatsächlich ein Günter Mayer dort registriert sei. Damals gehörte das Postwesen der Gesellschaft Thurn und Taxis. Dort erkundigte Karin sich, ob sie alte Unterlagen ihrer sämtlichen Postbeamten im Deutschland des 19. Jahrhunderts hätten. Nein, war die Antwort. Wenn nicht irgendetwas Bestimmtes vorgefallen sei mit einem ihrer damaligen Beamten, gäbe es keine Unterlagen mehr. Als Karin sagte, dass jener in einem bestimmten Jahr von Aachen nach Niederaula versetzt worden war, wollte die Dame es nachprüfen. Und tatsächlich wurde ihr bestätigt, dass dieser Herr Mayer damals nach dem hessischen Dorf versetzt worden war. Alles Zufall?

Im Anschluss an eine Gruppenrückführung berichten die Teilnehmer darüber, was sie gerade in dem betreffenden früheren Leben erlebt haben. Eine Frau sagte, dass sie vor etwa fünfhundert Jahren in Italien in einem bestimmten Ort im Kloster als Benediktinermönch gelebt hätte. Und der neben ihr Liegende sei ebenfalls dort gewesen und habe Mönch Domenico geheißen. Dieser erhob sich und sagte: "Jawohl, ich habe mich auch in jenem Kloster gesehen. Du warst der Abt." Und das Ende vom Zufallslied hieß: Sie zogen zusammen und wurden ein Paar. Sie machten sich in den Sommerferien auch auf, um in eben jenem Ort das Kloster zu suchen, das mittlerweile allerdings abgerissen worden war. Meine Interpretation dieses Zufallsereignisses ist, dass sie bei der Planung ihres jetzigen Lebens abgemacht hatten, sich zu einer bestimmten Zeit wiederzubegegnen. Und ihr jeweiliger Geistführer, der dafür verantwortlich ist, dass die in der jenseitigen Welt getroffenen Planungen eingehalten werden, hatte sich ausgedacht, sie anlässlich eines Rückführungsseminares zusammenzuführen. Oder war dieses Seminar samt Ort auch schon damals zufällig vorgesehen gewesen?

Durch die Jenseitsforschungen des amerikanischen Psychotherapeuten Michael Newton wissen wir, dass man bei den Vorbereitungen für eine bevorstehende Inkarnation mit bestimmten Personen Schlüsselsätze, Situationen oder auch Kleidungsstücke als Wiedererkennungszeichen abmacht, die in das Unterbewusstsein eingeprägt werden.[30] So kann ein Mann einen Schlipps in einer bestimmten auffälligen Farbe tragen, woraufhin eine Frau sich vielleicht in einer Theaterpause an seinen Tisch setzt und beide ins Gespräch kommen. Ich erkannte meine Sinaida an einem blauen Kleid wieder. Und als ich sie ansprach, kam mir ohne nachzudenken der vormals eingeprägte Satz über die Lippen: "Wir kennen uns doch schon von irgendwoher?" Wenn alle derartigen Zusammenkünfte vorher geplant worden sind, dann kann es sich ja nicht um Zufall handeln, sondern um das Zusammenfallen von vorher Abgemachtem. Jetzt kann man auch verstehen, dass viele esoterisch ausgerichtete Lehrer behaupten, es gebe keine Zufälle. Denn alles ist - aus welchen Gründen auch immer - arrangiert. Und trotzdem erleben wir diese Arrangements als Zufälle. Deshalb wollen wir auch weiterhin den Zufallserlebnissen nachgehen.

In einem Gruppenrückführungsseminar in Berlin berichtete eine Frau, dass sie in dem soeben aufgedeckten Leben wohl zur Steinzeit in einer Höhle hauste und von einem Mann dort erschlagen worden war. Und sie erwähnte auch, dass von rechts hinter ihr ein kalter Windzug zu ihr herüberkomme. Sogleich erhob sich ein Mann aus dieser Richtung und sagte: "Ich habe mich ebenfalls gerade in dieser Höhle erlebt. Ich war dieser Mörder. Ich habe dich mit einer Keule erschlagen!" Sie gingen aufeinander zu, umarmten sich und sie sagte: "Ich vergebe dir." Wie wir sehen, kommen wir nicht zufällig irgendwo mit einer bestimmten Person zusammen. Und es kann sogar Jahrtausende dauern, bis eine negative Seelenverschränkung aufgelöst wird.

Der mit mir befreundete Medizinprofessor Eli Lasch (1929-2009) aus Israel berichtete mir Folgendes. Im Nordosten seines Landes gibt es die Stämme der Drusen. Diese glauben an die Reinkarnation. Hin und wieder erinnert sich ein Kind an die der heutigen vorausgegangene Inkarnation. Man versucht nun herauszufinden, an was es sich alles erinnern kann. Es wird dann jeweils ein Forschungsgremium zusammengestellt, zu dem Eli als Arzt, der sich für die Erforschung früherer Leben interessierte, als objektiver Beobachter auch hinzugebeten wurde. Ein Junge war mit einer großen, über der Stirn nach oben verlaufenden Narbe auf die Welt gekommen. Er sagte, dass ihn ein Nachbar mit der Axt erschlagen habe. Man lud ihn nun in ein Auto und führte ihn in die benachbarten Dörfer. Und bei einem angekommen, sagte er: "Hier habe ich gewohnt." Er fand das Haus, wo er als Erwachsener mit seiner Familie gewohnt hatte. Er erkannte seine Familienmitglieder zu deren großer Freude wieder und nannte ihre Namen. Inzwischen hatten sich Leute um dieses Haus gruppiert, denn dieser Fall hatte sie neugierig gemacht. Der Junge deutete auf einmal auf einen der Dabeistehenden und sagte: "Du hast mich erschlagen." Man hieß nun diesen Mann mitzukommen, denn der Junge wollte zeigen, wo er von jenem erschlagen worden war. Draußen auf einem Feld deutete er auf eine Stelle und sagte: "Hier hast du mich erschlagen. Und dort", sagte er, indem er auf einen Steinhaufen zeigte, "hast du mich begraben." Man öffnete auf seinen Hinweis hin das Grab. Und tatsächlich fand man die schon längst verweste Leiche. An den Kleidungsstücken erkannte man, dass es sich tatsächlich um den damals vermissten Bauern handelte. Man drang nun in den Mörder, ein Geständnis abzulegen, woraufhin dieser sich zu der Tat bekannte. Der Junge deutete auf einen Baum und sagte: "An dem Baum dort hat er die Axt vergraben." Und dort entdeckte man die vergrabene Mordwaffe. Denn der Erschlagene hatte nach dem Austritt aus seinem Erdenkörper noch genau beobachten können, wo der Täter diese vergraben hatte. Ist es Zufall, dass der Junge sich an sein früheres Leben samt dem Todschlag erinnerte? Und ist es Zufall, dass sein Mörder von ihm erkannt wurde? Sicherlich nicht. Denn der Mörder sollte durch dieses Ereignis überführt werden gemäß höherer Planung. Professor Ian Stevenson gibt in seinem Buch[10] viele Beispiele von Kindern, die sich an ihr vergangenes Leben erinnern, wobei er diejenigen Fälle darin aufführt, in denen Kinder mit Muttermalen zur Welt gekommen sind und später berichteten, wieso und auf welche Weise diese entstanden sind, wobei die meisten mit einer früheren Todeswunde zusammenhängen.

Der mir befreundete Heilpraktiker und oben schon erwähnte Peter Singer aus der Schweiz berichtete mir Folgendes, als wir auf das Gespräch über Reinkarnation zu sprechen kamen. Ich gebe nun seinen Bericht aus meinem Buch *Ich hab schon mal gelebt - Kinder beweisen ihre Wiedergeburt*[68] wieder. Eine seiner Klientinnen berichtete Peter, dass sie eine hellsichtige Tochter habe, die sogar aus der Entfernung Briefe oder anderes lesen könne - was immer man ihr mit der Rückseite entgegenhalte. Peter wollte diese Tochter unbedingt kennenlernen, weshalb die Mutter sie zu ihrem nächsten Termin mitbrachte. Als sie Peter etwas betrachtet hatte, sagte sie: "Ich kenne dich von früher her. Du warst einmal mein Bruder. Ich war deine frühere Schwester Silvia. Ich bin damals früh gestorben. Jetzt bin ich aber bei einer anderen Mutter." Peter konnte sich noch an seine Schwester Silvia erinnern, die mit viereinhalb Jahren gestorben war. Und als er noch mehr von ihr wissen wollte, beschrieb sie, wo sie damals gewohnt hatten. Alles stimmte zufällig ganz genau. Schließlich holte er aus dem Nebenzimmer ein Bild und hielt es ihr mit der Rückseite entgegen. Und sofort sagte sie: "Meine Mutti und mein Vati von damals sind darauf, unsere Eltern.

Meine Mutti trägt eine weiße Bluse und beide halten sich an den Händen." Und als er sie weiterhin fragte, was sie noch von ihrer beider Mutter wisse, sagte sie: "Mutti ist nach meinem Tod ebenfalls zu mir gekommen. (...) Wir hatten noch einen älteren Bruder. (...) Doch die anderen Geschwister habe ich nicht mehr gekannt." Peter fragte sie noch über viele Einzelheiten aus, zum Beispiel über die Beschaffenheit ihres Hauses, nach dem Beruf des Vaters und anderes. Alles stimmte zufällig ganz genau. Hat das alles noch mit Zufall zu tun? Wer hatte die Mutter von Ines für eine Behandlung gerade zu Peter und nicht zu einem anderen Heilpraktiker geschickt? Es war also schon geplant, dass Peter durch sie seine frühere und nun wiedergeborene Schwester wiederfinden sollte. Und sicherlich war es kein Zufall, dass er mir dieses Erlebnis in allen Einzelheiten berichtete, damit ich darüber schreiben konnte. Waren all diese zufälligen Ineinanderverkettungen vorher geplant gewesen? Wer mehr darüber wissen möchte, dem empfehle ich Bücher über die Rückführungstherapie,[31] die im Übrigen auch bei Phobien[32] hervorragende Resultate erzielen konnte.

Viele Klienten, die zu uns Rückführungsleitern/-therapeuten kommen, leiden unter einem Selbstbestrafungsmechanismus. Deshalb scheint ihnen im heutigen Leben nichts zu gelingen. Man erlaubt sich auch keine Reisen, darf sich keine Freude bereiten, man muss bescheiden sein, eventuell sitzt man auch einem Wiedergutmachungszwang einer bestimmten Person gegenüber auf oder ist Opfer seines Helfersyndroms. Alle Mitbringsel aus früheren Leben, die sich noch heute im Negativen oder Positiven zeigen, sind nicht zufällig vorhanden. Sie alle haben eine tiefere Ursache, die unbedingt aufgelöst werden sollte, um wieder ein normaler und glücklicher Mensch zu sein.[33] Man bringt also nicht zufällig eine bestimmte Eigenschaft psychischer oder physischer Art in dieses Leben mit. Selbst Unfälle aller Art sind schon vorausgeplant. "Unfälle gibt es in Wahrheit nicht." (Van Praagh)[19] Man fällt also nicht zufällig hin und bricht sich das Bein oder den Arm. Man wird auch nicht zufällig reich oder arm geboren. Alles hat eine Ursache. Nichts unterliegt dem Zufall.

Und die Rückführungen, speziell die Rückführungstherapie, decken diese eigentlichen Ursachen auf. Alle Schicksalsschläge und Verluste - selbst von Kindern und anderen Nahestehenden - sind geplant. Und wenn man diese durch Rückführungen oder medialen Kontakt mit einer hochstehenden jenseitigen Wesenheit aufdeckt, wird man leichter mit dem Schmerz umgehen können oder diesen ganz überwinden. Ebenso sind künstlerische Fähigkeiten oder ein starkes Interesse für bestimmte Vorhaben wie auch die einzuschlagenden Berufe schon im Jenseits geplant und sind oft Fortsetzungen von in vormaligen Leben ausgeübten Tätigkeiten und Fähigkeiten. So lernt auch jemand eventuell eine Sprache schneller, wenn er sie im früheren Leben schon beherrscht hatte. Wurde er aber in einem betreffenden Land zu Tode gebracht, mag er sich weigern, nicht nur in jenes Land zu reisen, sondern eventuell auch dessen Sprache zu lernen. Im umgekehrten Fall besuchen wir mit Vorliebe jene Länder, in denen wir sehr glücklich waren. Und sollten wir in solch einem Land einer Person begegnen und uns in sie verlieben, so ist dieses auch schon in der Planung vorgesehen gewesen. Nichts ist Zufall. Selbst unser Interesse an Spiritualität beziehungsweise unsere oft auch aktive Suche nach dem Sinn des Lebens hängt mit in früheren Leben erworbenem Interesse zusammen, wobei wir uns im Jenseits bei der Vorbereitung für das gegenwärtige Leben schon ausgesucht haben, wie wir dieses Interesse am besten weiterhin verfolgen wollen.

Wenn wir an einen fremden Ort kommen und uns dort auskennen

Vielleicht haben Sie so etwas auch schon erlebt. Sie kommen in eine Stadt oder in eine Landschaft und sind überzeugt, dass Sie das alles schon kennen, obwohl Sie nie Bilder von diesen Gegenden gesehen haben. Bevor Sie in einer Stadt um eine Ecke biegen wollen, wissen Sie schon, was Sie da sehen werden. So erging es auch dem damals jungen Dirigenten Bruno Walter, als er zum ersten Mal nach Wien kam. Viele Straßen kamen ihm einfach bekannt vor, wie er in seiner Autobiographie beschreibt. Er konnte sich dieses Wissen mit früheren Leben erklären.

Aber hat jedes sogenannte Déjà-vu-Erlebnis zufällig mit früheren Leben zu tun? Wenn wir eine Reise unternehmen wollen, können wir im Schlaf aus dem Körper gehen und mit unserem Astralkörper reisen. Vielleicht fällt es uns ein, mal zum Urlaubsort zu schweben, denn Entfernungen sind im astralen Bereich keine Hindernisse. Jetzt sehen wir uns schon mal die Stadt an, in die wir morgen fliegen werden. Und das Interessante dabei ist, dass man alles trotz Dunkelheit erkennt. Und vielleicht schauen Sie sich auch das Hotel von außen an samt den Garagen, wobei eine der Türen ausgehängt ist. Und dann mögen Sie auch noch die Treppen hochsteigen, durch die geschlossene Tür gehen, denn wir vermögen durch die Wände zu schweben. No problem. Vielleicht sehen Sie sich auch mal genauer in der Lobby um sowie im Warteraum, wo jemand noch zur späten Stunde vor dem eingeschalteten Fernseher sitzt. Und wenn Sie am nächsten Tag vom Flughafen jener Stadt mit dem Taxi in Richtung Hotel fahren, kommt Ihnen vieles irgendwie bekannt vor, vielleicht die Burg da oben, die Baustelle, die von Bäumen eingerahmte Allee und schließlich das Hotel mit den mit roten Matten ausgelegten Treppenstufen. 'Mensch', so könnten Sie denken, 'das kenne ich doch schon. Wie ist das möglich? Ist dies alles Zufall?' Und wenn Ihnen nun klar geworden ist, dass dieses Déjà-vu-Erlebnis mit einer im Traum ausgeführten Astralwanderung zu tun hat, dann wissen Sie, dass Ihre verblüffenden Reaktionen nichts mit Zufall zu tun haben.

Doch nun muss ich auf eine Unterscheidung hinweisen. Natürlich könnten Sie in einem Ihrer früheren Leben in jener Stadt gewohnt haben oder aber in jenem Hotel Gast oder Angestellter gewesen sein, weshalb Ihnen alles so bekannt vorkommt. Aber hatte es damals schon die ausgehängten und schräg angelehnten Garagentüren gegeben? Lag auch schon vor vielen Jahren dieser rote Teppich auf den Stufen? Hat es damals schon den Fernseher im Aufenthaltsraum gegeben? An solchen Details können Sie erkennen, worum es sich handelt. Die Quantenphysik müsste auch noch unsere außerkörperlichen Reisen mit in ihre Theorien einbeziehen. Hoppla! Wer hat mir jetzt auf einmal diesen Satz zugeflüstert? Zufall?

Was haben Krankheiten mit Zufällen zu tun?

Eine meine Ausgebildeten war für die Medizin ein sensationelles Wunder. Denn all ihre Organe unterhalb des Bauchnabels waren, wie man nach und nach entdeckte, doppelt, also doppelte Nieren, doppelte Eierstöcke usw. Fast ein Drittel ihres Lebens verbrachte sie in Krankenhäusern, bis sie selbst Medium und Heilerin wurde. Trotz all ihrer vielen körperlichen Ungereimtheiten war sie sportlich sehr aktiv. Eine ihrer berühmtesten Aktivitäten war es, Rennfahrerin zu sein, die in den 50er-Jahren bei Autorennen Siegestrophäen gewann, obwohl ihre Konkurrenten alle Männer waren. Sie war ein Begriff in der Sportszene mit dem Namen Lieselotte Müller. Während der Ausbildung führte ich sie zurück, da sie herausfinden wollte, warum sie diese Organe doppelt hatte. Ihr Höheres Selbst führte sie in den Bauch ihrer Mutter, wo neben ihr ein weiterer Zwilling weiblichen Geschlechts war. Beide konnten sich mental unterhalten. Und als die andere Seele entdeckte, dass sie ja auch ein Mädchen sein würde, war sie verbittert. Sie weigerte sich, zur Welt zu kommen, denn auf keinen Fall wollte er wieder eine Frau werden. Lilo vermittelte ihr aber, dass man auch als Frau alles vollbringen könne, was Männer machen. Die Zwillingsschwester verneinte, dass das unmöglich sei. Nein, sie wolle abgetrieben werden, was dann auch geschah.

Doch körperliche Teile von ihr blieben in Lilos Unterleib verhaftet. Und sie nahm sich vor, ihrer Zwillingsschwester zu beweisen, dass sie auch all das erreichen kann, was sonst nur Männer können. Ist das nicht eine verrückte Geschichte? Ist nun Lilo durch Zufall die beste Rennfahrerin der zweiten Hälfte des 20. Jahrhunderts geworden, weil sie ihrer Schwester beweisen wollte, dass sie den Männern ebenbürtig sein kann? Ich hätte früher ebenfalls den Kopf geschüttelt wie jetzt vielleicht der ein oder andere Leser, und auch ich hätte an dieser Darstellung gezweifelt.

Wie kommt es, dass der eine Zwilling eine Erbkrankheit hat, sagen wir Epilepsie, und der andere nicht? Der vor mehreren Jahren verstorbene Großvater litt vielleicht darunter. Und gemäß der Mendelschen Gesetze kann man sich ausrechnen, dass diese Familienkrankheit irgendwann bei einer der folgenden Generationen wieder auftauchen wird. Ist es also nun Zufall, dass nur eines der beiden Kinder jene Krankheit bekommen hat und das andere nicht? Dieses Phänomen kann nur bei zweieiigen Zwillingen auftreten, denn bei eineiigen wären meistens beide Kinder mit der Erbkrankheit belastet. Wenn ich Klienten mit einer Erbkrankheit zurückführe, stellt sich oft heraus, dass man eben die Wiedergeburt jenes Großvaters ist, der also seine eigene Erbkrankheit wieder mit in das neue Leben gebracht hat. Hier muss durch eine Rückführungstherapie diese Epilepsie – oder was auch immer – in ihrer Ursache aufgedeckt und aufgelöst werden, sonst könnte die Seele des belasteten Kindes bei seiner Wiedergeburt wiederum von dieser Krankheit befallen sein. Vererbungskrankheiten sind also keine Zufälle. Alles hat seine Richtigkeit, sobald man die eigentlichen Ursachen dafür ermittelt hat.

Ein Kindergartenjunge bekam mit fünf Jahren einen Gehirntumor und musste sofort ins Krankenhaus. Die Chirurgen jedoch sagten, dass dieser Tumor bei ihm inoperabel sei. Nun siechte der Kleine dahin, während die Eltern jeden Tag zu ihrem einzigen

Kind in die Klinik gingen und sehr traurig das allmähliche Sterben von Jakob miterlebten. Aber auch die Kindergärtnerin, bei der Jakob zwei Jahre lang im Kindergarten war, besuchte ihn. Und das nun Folgende hat sie mir erzählt. Die Ärzte meinten, dass Jakob wahrscheinlich an jenem Tag noch sterben werde, weshalb die Eltern schon an seinem Bett weilten. Und seine letzten gehauchten Worte waren: "Jetzt gehe ich zu meinen richtigen Eltern." Das Ehepaar begann, furchtbar zu weinen. Später sagten sie zu der Kindererzieherin: "Warum wollte er nicht bei uns sein? Wir haben ihn doch immer geliebt und alles für ihn getan!" Und jetzt frage ich Sie, liebe Leserin und lieber Leser: Warum kamen dem sterbenden Kleinen wohl zufällig genau diese letzten Worte über die Lippen? Er wollte einfach mitteilen, dass er nun wieder zurück in unsere eigentliche Heimat gehen wird zu seiner Familie. Er war sozusagen aus Lerngründen für die Eltern nur eine Leihgabe, die aus karmischen Gründen etwas auszugleichen hatten.

Alle körperlichen Leiden sind nicht aus Zufall unsere unliebsamen Lebensbegleiter, wie schon weiter oben angedeutet. Alle haben einen Sinn. Und wenn man diesen herausfindet, vermindert sich das Leid oder es kann sich auch ganz auflösen.

Wer sind die Zufallsbereiter?

Wir müssen verstehen, dass es auch andere Lebewesen gibt, die sich nur ein wenig von unserer Schwingungsebene abheben und deshalb manches Mal vor allem von Kindern gesehen werden können, da diese oft noch mit einer höheren Schwingung vertraut sind, die sich allmählich verringert. Zu diesen normalerweise unsichtbaren Wesen gehören Elfen und Feen, Kobolde, Erdgebundene und auch oft Verstorbene, die bereits im Jenseits weilen, die ihre Schwingungen allerdings beträchtlich verringern müssen, um auf unserer Schwingungsebene gesehen zu werden und um auf diese auch einwirken zu können.

Um dies nun zu verdeutlichen, gebe ich den Bericht von Dr. Hans Friedrich Werkmeister wieder, den er in einem Büchlein mit dem Titel *Myrikos* veröffentlichte.[35] Das Ehepaar Werkmeister hatte eine kleine Tochter, die unter Lungenkrebs litt. Oft war sie im Krankenhaus. Und wenn die Eltern sie besuchten und sich auf ihre Bettseite setzen wollten, sagte sie, dass da schon Myrikos sitze und sie sich auf die andere Seite setzen sollten. Sie sah ein kleines freundliches Männchen, das sich zu ihr setzte und sich auch telepathisch mit ihr unterhalten konnte. Die Eltern hielten ihre Berichte über Myrikos für Fantasiegeschichten, aber sie hatten aufgehört, sie eines Besseren zu belehren, wurde sie dann doch noch hartnäckiger in ihrer Behauptung, dass Myrikos wirklich vorhanden sei. Und als die Eltern einmal während einer guten Phase mit ihrer Tochter spazieren gingen, deutete sie auf einer Wiese auf eine Stelle und sagte: “Schaut, da ist die Elfenkönigin. Sie wird begleitet von ihren Elfen.” Und sie blieb stehen und betrachtete sich diesen nur für sie sichtbaren Spaziergang der Elfen. Was würden Sie, liebe Leser, sich gedacht haben? Wir sind im Allgemeinen Verstandesmenschen. Wir müssen die Dinge sehen, wenn möglich anfassen oder intensiv fühlen können, um sie als wahrhaftig anzunehmen, und die Wissenschaftler wollen auch alles messen und kontrollieren, um es als Tatsache beweisen zu können.

Die Krankheit der Tochter verschlimmerte sich allmählich, obwohl immer wieder neue Medikamente ausprobiert wurden. Aber sie wollte unbedingt noch den ersten Schultag erleben. Die Eltern hatten ihr eine große Zuckertüte gebastelt mit vielen Leckereien und Schreibzeug darin. Als der große Tag des ersten Schulbesuchs anbrach, machte ihr Vater ein Foto von ihr mit der Zuckertüte in der Hand. Myrikos, wie sie sagte, war bei ihr. Und die Eltern wussten nicht, dass dieses Foto das letzte von ihrer Tochter sein sollte. Sie ging, von ihnen begleitet, stolz in die Schulklasse und setzte sich auf den ihr zugewiesenen Platz. Doch als sie nach Hause kamen, wurde sie wieder von einem entsetzlichen Reizhusten erfasst. Myrikos hatte ihr immer gesagt, sie müsse abhusten. Aber dieses Mal wollte dieses Husten nicht aufhören. Sie wurde ins Krankenhaus gebracht, wo sie nach einigen Stunden verstarb. War es Zufall, dass sie noch den ersten Schultag vor ihrem Tod erleben durfte? Als nun auf dem Friedhof schließlich ein schöner Gedenkstein ihr Grab schmückte, besuchte ihr Vater mit einem Blumenstrauß in der Hand dieses Grab. Und er konnte seinen Augen nicht trauen. Auf diesem Grabstein saß für ihn ganz sichtbar Myrikos.

Nun noch eine Koboldgeschichte, die ich mir von Fern, meiner Freundin in Südafrika, berichten ließ. Diese Geschichte ist auch in meinem Buch *Reise ins spirituelle Afrika* [6] zu finden, ich gebe sie hier als Auszug wieder. "Als Fern drei Jahre alt war, erschien ihr auf einmal ein kleines Männchen, das etwa fünfzig Zentimeter groß war. Er nannte sich *Bobo*. Auch ihr ein Jahr älterer Bruder konnte ihn sehen. Bobo besuchte Fern häufiger und hatte viele Ideen zum Spielen, sodass sie oft über ihn und seine Späße lachen musste. Eines Tages war er wieder da. Die Mutter hörte, wie ihre beiden Kinder mit jemandem sprachen, und fragte, mit wem sie sich unterhielten, es sei doch niemand zugegen. 'Doch, Bobo ist hier', antworteten die Kinder. Dieser streckte der Mutter die Hand entgegen, und die beiden wiesen sie darauf hin, sie zu ergreifen. Aber die verdutzte Frau konnte niemanden erkennen. Doch, er sei da und deutlich zu sehen, teilten sie ihr mit. Sie befürchtete, dass ihre beiden Kinder irrsinnig seien und ging deshalb mit ihrem Mann zu einem Arzt, um sich zu erkundigen, ob ihre Kinder krank oder möglicherweise verrückt seien. Sie wollte wissen, was man dagegen unternehmen könne. Doch der Arzt beruhigte sie und meinte, dass solches gelegentlich bei Kindern aufträte. Dieses Sehen und Sichunterhalten mit einem Unsichtbaren verflüchtige sich aber meistens mit vier, fünf Jahren. Sie solle sich also keinerlei Sorgen um den Geisteszustand ihrer Kinder machen. Und so kam Bobo noch über ein halbes Jahr lang oft zu Fern, und die Eltern ließen diese Unterhaltungen mit dem unsichtbaren Gnom geschehen. Doch eines Tages kam Bobo zu Fern und sagte, dass es heute das letzte Mal sei, dass er kommen könne. Er verabschiedete sich und kehrte nie mehr zurück. Fern, wie ihre Mutter auch mir gegenüber später bestätigte, hatte dann eine Woche lang Tränen in den Augen, wenn sie an Bobo dachte."

Späterhin in Deutschland nahm ich an einer Seminarveranstaltung teil, die mit einem Waldspaziergang verbunden war, und zwar zu einer Stelle, wo Sunja, die Seminarveranstalterin, schon öfter Zwerge gesehen hatte, die wir nun auch zu Gesicht bekommen sollten. Wir stellten uns im Kreis unter Bäumen auf und begannen, im Reigen zu Musik zu tanzen. Und Sunja sagte: "Schaut, jetzt kommen Zwerge aus ihren Höhlen. Sie wollen mittanzen." Hatte sie diese nun wirklich zufällig gesehen, oder handelte es sich dabei einfach um ihre Halluzinationen? Aber sie schwor, dass diese kleinen Kerle wirklich vorhanden seien. Auf Kreta berichteten mir zwei deutsche Urlauberinnen, dass sie an einer Quelle Feenwesen gesehen hätten. Warum können zufällig nur einige Menschen - vor allem Kinder - solche Wesen sehen? Gibt es also zufällig Zwerge, Kobolde, Gnome, Elfen, Feen und dergleichen mehr? Glauben Sie vorbehaltlos? Oder nehmen Sie nur das als wahr an, wozu Ihr Verstand und vor allem Ihr Unterbewusstsein ja sagen können? Ich möchte Sie auf keinen Fall zu meiner oder zu irgendeiner Meinung überreden. Denn ein jeder wird seinen eigenen Weg zu höheren Erkenntnissen gehen, und dieser Weg ist an keine Zeit gebunden.

Anlässlich eines von Sinaida und mir gegebenen Seminars zur Erlernung der automatischen Schrift fragte ich meine lieben jenseitigen Freunde, ob sie mir etwas zum Thema Zufall mitteilen wollten. Und so erhielt ich folgende Borschaft, die ich dann auch den Seminarteilnehmern vorlas: "Wir sagen, dass die heutige Durchgabe (diese werde ich später einfügen) am frühen Morgen wichtig war, um viele der sogenannten Zufälle zu verstehen. Ja, viele der bei uns weilenden Neuzugänge, sobald sie gelernt haben, mittels der Vorstellungskraft Dinge zu manifestieren oder wieder zu demanifestieren, versuchen, diese unter den Erdenmenschen auszuprobieren, indem sie Dinge dematerialisieren oder rematerialisieren, Dinge verstecken und helfen, dass man diese an ganz anderen Orten oder zu späteren Zeiten plötzlich wiederfindet. Dies bereitet ihnen Spaß. Wir werden es ihnen aber untersagen, so großer Unfug damit oder Lieblosigkeiten dadurch entstehen.

Aber im Guten ausgeführte Zufallsereignisse lassen wir durch sie geschehen, wird doch der betreffende Irdische dadurch zum Nachdenken gebracht, wieso so etwas geschehen konnte. Denn uns liegt daran, dass der Mensch auf die Suche nach den Ursachen geht. Denn ein jeder Mensch wird sich einmal auf die Suche nach sich selbst, nach dem Ursprung der Schöpfung, nach den Schöpfungsgeheimnissen begeben. Dies ist in der seelischen Entwicklung als weiteres Ziel eingeplant. Wunder und Zufälle sollen den Menschen stutzig machen und ihm das Gefühl geben, dass es mehr zwischen Himmel und Erde gibt, als der Mensch sich erträumen kann. Und Zufallsereignisse fördern seine Verwunderung und mögen ihm zu denken geben oder ihn dazu bewegen, nach dem Sinn des Lebens zu forschen."

Im Jenseits lernen wir also, mit der Vorstellungskraft Dinge zu kreieren oder auch verschwinden zu lassen. Ja, wir lernen auch – alles muss auch dort erlernt werden –, uns im Nu an jeden beliebigen Ort, ob im Jenseits oder auf Erden, zu begeben, und zwar ohne Flügel oder ohne eine besondere Antriebskraft. Und gelegentliche Zufallsspielchen unter den Erdenbürgern zu veranstalten, bereitet Jenseitigen, wie wir gerade gelesen haben, großen Spaß. Wir tun gut daran, mitzulachen und vielleicht auch Danke zu sagen. Dann besteht die Möglichkeit, dass sie uns öfter einmal mit Zufallsereignissen überraschen oder gar zum Lachen bringen.

Wenn Unsichtbare mit der Elektrik spielen

Ist es Ihnen, liebe Leser, schon einmal passiert, dass auf einmal das Licht aus unbekannten Gründen flackerte? Natürlich kann dies an der Anlage oder der Stromversorgung liegen. Aber Sie könnten auch sagen: "Flackere bitte bei einem Ja nur einmal, bei einem Nein zweimal." Und auf einmal könnten Sie Fragen stellen und ein Ja oder ein Nein erhalten. So gesteht auch ein Junge im Jenseits, dass er gerne das Licht flackern lässt bei Leuten.[26] Natürlich muss man das auch erst gelernt haben, und wahrscheinlich hatte er es sich bei anderen Könnern abgeschaut. Höhere Geistwesen können allein mit der Gedankenkraft derlei Zufälle bewirken. Und manches Mal stellt sich bei Leuten der Fernseher oder das Radio ohne ersichtlichen Grund von alleine ab oder wieder an, oder es wird ohne eigenes Dazutun ein anderer Sender eingestellt, vielleicht verbunden mit einer besonderen Botschaft. Oder jene geben jemandem ein, einen bestimmten Sender einzustellen, um eine Botschaft vermitteln zu können.

In dem Kapitel "Ferndurchsage" berichtet der Autor Bernd Harder[16] folgenden sehr interessanten Fall, wo die Fernsehelektrik verrücktspielte. Ein junger Mann wollte ein Wochenende in Berlin verbringen. Durch das Internet konnte er zwei Studentinnen erreichen, die ihn mitnehmen wollten, wobei man eine gewisse Haltestelle als Treffpunkt zu einer bestimmten Zeit verabredet hatte. Er schaute auf die Uhr. In fünfzehn Minuten müsste er am verabredeten Treffpunkt sein. Doch als er gehen wollte, schaltete sich der Fernseher von alleine an. Er ging hin, um ihn abzuschalten, aber er flimmerte weiterhin. Schließlich zog er den Stecker heraus. Aber trotzdem hielt das Flimmern an. Er versuchte wieder und wieder, das Flimmern mit oder ohne Elektrik auszuschalten. Aber es half nichts. Er dachte, der Apparat dürfe doch nicht über das ganze Wochenende an sein. Was tun? Dann kam ein Anruf per Handy. Die Frauen teilten ihm mit, dass sie nicht mehr länger auf ihn warten wollten und nun abgefahren seien. Am Montag las er in der Zeitung, dass zwei Studentinnen auf dem Weg nach Berlin in ihrem Auto mit einem Lastwagen zusammengestoßen waren und dabei ihr Leben verloren hatten. Der verrücktspielende Fernsehapparat als zufälliger Lebensretter? Wer hatte an der Elektrik herumhantiert, um diesem jungen Mann das Leben zu retten? Wenn sein Lebensende in diesem Todesfahrzeug vor seiner Inkarnation schon festgestanden hätte, dann hätte die Elektrik ihn nicht aufgehalten. Wenn unser Lebensende aber noch nicht feststeht, werden wir auch nicht "hinübergehen".

Das Medium Gordon Smith berichtet über das Zufallserlebnis einer Bekannten. Selbst Tage nach dem Tod der Mutter saß diese Frau oft unter Tränen in ihrem Sessel. Und eines Tages bat sie die Verstorbene, ihr ein Zeichen zu geben, dass sie bei ihr sei. Plötzlich klingelte das Telefon. Sie hob ab, aber eine unbekannte Stimme war zu hören, die sich anscheinend verwählt hatte und den Hörer wieder auflegte. Da deren Nummer noch gespeichert war, rief sie zurück und merkte dabei, dass sie ja die Nummer ihrer verstorbenen Mutter gewählt hatte. Jene Anruferin war die Nachfolgerin in der Wohnung ihrer Mutter, die deren Telefonnummer übernommen hatte.[66]

In jenem Jahr, als mein Vater, der Dichter Molar, starb, und zwar genau am 16. Juni, an welchem vierzig Jahre zuvor meine Mutter verstorben war, saßen seine dritte Frau, ihre Familie und ich unter dem Weihnachtsbaum und gedachten meines Vaters. Auf einmal flackerte das Licht. Damals wusste ich noch nichts von Spiritismus und möglicher Geisterbefragung, sonst hätte ich mit der Ja-Nein-Methode sicherlich einen Kontakt herzustellen versucht. Dann blieb das Licht einmal länger aus, dann wieder flackerte es. Als seine Frau meinte, dass er jetzt bei uns sei, gab es auf einmal einen Knall, und aus einer der Birnen in der Deckenlampe sprang ein Funke, gefolgt von den herabfallenden Splittern der Birne. Damals glaubte ich noch nicht an ein Leben nach dem Tod, an Geister und an die Wiedergeburt. Damals studierte ich in München Germanistik und war ein großer Verehrer von Thomas Mann und meinem bevorzugten Dichter: Goethe. So setzte ich mich in die Bibliothek, stellte eine brennende Kerze vor mir auf und las in seinen Werken, ohne dabei die *Marienbader Elegie* zu übergehen. Aber was ich dabei übergangen habe, waren seine vielen Bekenntnisse zu Geistern und zur Reinkarnation. Ich hielt solche Aussagen für dichterische Freiheiten, mochten sie auch noch so abwegig sein. Auch erwähnte keiner der Professoren derlei "Abgehobenes". Später erst würde ich das von Professor Max Seiling verfasste Buch mit dem Titel *Goethe als Esoteriker*[36] herausgeben. Wenn man noch nicht für eine Sache geöffnet ist, bleibt sie verschlossen, bis die Zeit für derlei Dinge gereift ist. Und bei mir sollte diese Reifung erst zehn Jahre später geschehen, als es bei mir nachts klopfte. Somit brauchte ich nicht bis zur nächsten Inkarnationen zu warten für ein Geöffnetwerden und für weiterreichende Erkenntnisse.

Am 30.11.2014 lag ich in unserer Wohnung in Berlin im Bett, als mir eine Durchsage für unsere Seminarteilnehmer eingegeben wurde bezüglich Zufälle. Ich machte Licht und schrieb auf den

Block, der immer neben dem Bett bereitliegt: "Wir bereiten uns selbst Zufälle. Wir gehen in unsere früheren Leben und zukünftigen Leben hinein und spielen Zufall. Oder wenn wir gestorben sind, gehen wir in die Leben anderer und versuchen, etwas zu verstecken und es dann auf gewisse Weise wiederfinden zu lassen. Wir wollen das ausführen, was wir im Jenseits gelernt haben. Wir sind Lausbuden und Späßemacher, können de- und rematerialisieren, Versteck spielen." Ich war auf einmal gänzlich wach. Wie? Diese Wesenheiten, die mir das jetzt durchgegeben hatten, behaupteten, sie könnten auch in die vergangenen Leben und selbst in die zukünftigen Leben hineingehen und Unfug machen? Das konnte doch nicht wahr sein! (Hier muss ich etwas schnell einflechten. Gerade als ich den Satz zwei Wochen später auf Mayotte niedergeschrieben hatte, drehte mein Computer durch. Es zeigte sich die Seite nochmals in einem anderen Format, das die ursprüngliche überdeckte. Wollten diese Späßemacher mir dadurch einen Wink geben, dass sie bei der Abfassung dieses Buches auf meiner Bungalowterrasse dabei waren? Also, seid willkommen. Und bitte macht nur erfreuliche Späße! Nun lasst mich weiterschreiben. Denn ihr wartet bestimmt schon darauf, was jetzt kommt.) Und als ich aufgestanden war, ging ich in die Wohnstube, wo sich eine Stehlampe mit zwei Lampen befand. Ich zog an der Schnur der unteren Lampe - und auf einmal gab es einen sanften Knall. Ein Lichtstrahl schoss heraus, und die Birne hatte sich aus der inneren Fassung gelöst und fiel, ohne zu zerbrechen, auf den Boden. Voilà! Da bleibt einem die Spucke weg, wie man so sagen könnte. Was für ein Zufall! Hiermit wollten sie mir das demonstrieren, was sie mir soeben durchgegeben hatten.

Wenn Sie die von mir herausgegebene Autobiographie von Uri Geller lesen, dann werden Sie mehrere Beispiele entdecken, wo in seiner Gegenwart die Elektrik verrücktspielte. Als er seine

Fähigkeiten in Japan demonstrierte, fielen die Computer aus. Auch konnte er entgegen aller Zufallsmöglichkeiten eine Seilbahn zum Stehen bringen oder sogar die große Uhr am Big Ben in London nur mit seiner Gedankenkraft anhalten. Viele Wissenschaftler werden jetzt denken, dass das unmöglich ist und ignorieren diese Tatsachen, ohne nach Beweisen zu fragen. Aber jeder Physiker kennt den Namen Wolfgang Pauli, ist er doch einer der Urväter der Quantentheorie. C. G. Jung war mit diesem Professor der Physik befreundet. Er hatte in dessen Gegenwart erlebt, dass elektrische Geräte plötzlich nicht mehr funktionierten oder sogar zu brennen begannen. So geriet im Labor der Princeton Universität in der Gegenwart von Professor Pauli ein Zyklotron in Brand, und während der Sektionssitzung der Deutschen Physikalischen Gesellschaft 1929 fiel plötzlich der Diaprojektor aus. Pauli stand auf, zeigte voller Stolz auf sich, und verkündete, dass solches in seiner Gegenwart oft passiere. Seitdem wurde dieses Phänomen "Pauli-Effekt" genannt. Und unter den Physikern verbreitete sich das Gerücht, dass keine Versuchseinrichtungen funktionieren würden, wenn Pauli im Zimmer war. Ein Physiker verbot ihm sogar, sein Labor zu betreten, damit sich keine unliebsamen elektrischen Phänomene einstellen. Trotzdem ereignete sich ein Zwischenfall mit dem berühmt gewordenen "Pauli-Effekt" in einem Göttinger Universitätslabor. Jener mit Pauli befreundete Physiker schrieb Pauli, dass auch ohne seine Anwesenheit jener Effekt bei einem seiner Versuche stattgefunden habe. Er nannte die Urzeit, wann es genau gewesen war. Und Pauli schrieb zurück, dass er sich zufällig auf einer Durchreise mit der Bahn von Kopenhagen nach Zürich um genau diese Urzeit auf dem Göttinger Bahnhof befunden habe. Welch ein Zufall!! Und das musste nun einem Physiker passieren.[44]

Die für einen bestimmten Lebenszahlen

Hat eventuell die Hausnummer eine bedeutende Ziffer, die für Sie persönlich wichtig ist? Haben Sie vielleicht eine oder zwei bestimmte Ziffern, die Sie ein Leben lang begleiten? Meine beiden Zahlen sind die Sieben und die Dreizehn. Sicherlich sind diese mir schon vor meiner jetzigen Inkarnation zugeteilt worden als Begleiter, um mir endlich den Kopf zu zerbrechen, warum ich mit diesen beiden Zahlen immer wieder wie zufällig konfrontiert werde. Doch es dauerte lange, bis ich darüber zu reflektieren begann. So wohnte ich oft in Häusern mit der Nummer Sieben oder Dreizehn oder auch in solchen, wo sich die Sieben oder Dreizehn aus der Summierung der Ziffern als Quersumme ergaben. In Berlin wohnte ich in der Waitzstr. 13, in der Bruchsaler 13, in der Garystraße 70, in der Königin-Louise-Straße 79 (7 + 9 = 16 = 1 + 6 = 7). Meine Sinaida wohnt im Kirchweg 13, ihre Eltern in der Schülpensielerstr. 13 und ihr Schlösschen ist in der Quolsdorferstr. 7. Meine Seminare gebe ich in Wien in der Syringgasse 13 (Apartment Nummer 7!), in Baden bei Wien in der Braitnerstraße 34 (3 + 4), in Bad Wünnenberg in der Schützenstraße 58 (5 − 8 = 13). Wer oder was versiebt mir mein Leben? Auch, wie ich immer wieder mit Verblüffung feststellen musste, sind oft meine Hotelzimmer versiebt. In Lüttich wohnten wir im

Zimmer 601 (= 7), in Ostende im Zimmer 403 (= 7). Das sind nur jene Hotelzimmer, die mir jetzt aus der jüngsten Vergangenheit einfallen. Hätte ich schon vor fünfzig Jahren darauf geachtet, dann würde sich diese Liste von Zimmer- oder Häusernummern sicherlich noch verlängern. In Acapulco, wo ich mit dem ersten Teil dieses Buches begann, schrieb ich im 5. Stock im Zimmer 554 (5 + 5 + 4 = 14 = 2 x 7). Aber nun noch ein merkwürdiges Zufallserlebnis, das in diese Rubrik gehört.

2010 hatte ich mich im mondänsten und wohl auch größten Hotel der Welt, dem *Atlantis Beach Tower* auf Paradise Island einquartiert, wo ich mein von Elisabeth Kübler-Ross inspiriertes Büchlein *Leiden heißt nicht wissen*[34] schrieb. Mir wurde im 7. Stock das Zimmer 735 zugewiesen. Das gefiel mir von der Zahlenkombination her, also 7 und dann 35 (5 x 7). Aber dann fragte ich nach oben meine unsichtbaren Freunde: Schade, dass sich daraus keine Dreizehn ergibt. Und als ich wieder in das Zimmer zurückkehren wollte, ging die Tür mit dem Kartenschlüssel nicht auf. Ich ging zur Rezeption. Der Rezeptionist kam mit mir zurück. Auch er versuchte es wiederholt, die Tür zu öffnen, schüttelte dann den Kopf und sagte: "Merkwürdig." Er rief per Handy den Hotelmechaniker herbei. Auch dieser konnte das Zimmer nur mit einem Werkzeug öffnen. Der Rezeptionist entschuldigte sich für die unerklärliche Panne und wies mir ein neues Zimmer ebenfalls im 7. Stock zu. Als ich vor der Tür stand, fiel mir die Nummer auf. Es war das Zimmer 713. Jetzt hatte ich die Sieben und die Dreizehn! Welch ein Zufall! Oder ist es gar kein Zufall, denn zufällig hatten meine unsichtbaren Freunde mir diese Zufallsüberraschung bereiten wollen – vielleicht auch unter anderem deshalb, damit ich dieses Zufallsereignis meinen Lesern einmal präsentiere. Wussten sie vor vier Jahren schon, dass ich einmal dieses Buch schreiben würde? Woher wussten sie das? Ich werde sie einmal per automatischer Schrift fragen müssen. Nun bin ich natürlich aufmerksam, wo mir die Sieben überall begegnet. Ach ja, im Krankenhaus in Niesky lag ich auf Zimmer 214 (= 7). Und im Januar 2015 auf dem Weg zu den Andamanen wohnte ich in Kalkutta im Zimmer 205, in Port Blair im Zimmer 106, auf der Havelock Insel in Bungalow 7.

Mein Citroen Berlingo hatte auf dem Nummerschild die 2218 (= 13) stehen. Dieses wurde mir in Berlin gestohlen. Und wie verwundert war ich, nun das neue Schild mit der Nummer 7770 zu erhalten. Wurde das alles von "oben" gedeichselt, so dass der Dieb dazu angehalten wurde zu stehlen, damit ich wieder mal zufälligerweise eine 7er-Überraschung bekam? Später stellte ich fest, dass meine Wagenräder ja jeweils sieben Speichen hatten. Ist das nicht zufällig verrückt? Und weiter ging ich auf die Pirsch, um zu sehen, wo noch mehr Siebener in meinem Leben meinen Weg kreuzten. Ach ja, ich bin am 23.4.1939 geboren. Und als ich diese Ziffern addierte (23 + 4 + 1 + 9 + 3 + 9), ergab das die Zahl 49 (7 x 7). Ja, zum Donnerwetter, auch mein ganzer Geburtsname Trutz Hardo Hockemeyer ergibt 106 = 7. Und Sie werden es nicht glauben: Mein ganzes Leben ist auf der Sieben aufgebaut. Mit Sieben zogen wir nach Meersburg und wohnten in der Baracke Sommertal 7. Mit vierzehn wurde ich konfirmiert. Mit einundzwanzig begann ich mein Studium der Geschichte und Germanistik in Berlin. Mit achtundzwanzig begann meine Reise mit Rucksack und Regenschirm um die ganze Welt. Mit fünfunddreißig Jahren war ich Lehrer an einem Berliner Gymnasium. Mit zweiundvierzig wurde ich in Berlin Taxifahrer, einen Beruf, den ich mit vielen Unterbrechungen dreizehn (!) Jahre lang ausübte. Mit Neunundvierzig veröffentlichte ich mein erstes Buch über Rückführungen (*Entdecke deine früheren Leben*). Mit Sechsundfünfzig erschien der zweite Band meines Farbromans (*Lilia*), und sieben Jahre später folgte der vierte und letzte Teil (*Maria*) dieses ersten Siebenfarbromans der Weltliteratur.

Haben Sie schon einmal überlegt, ob sich bei Ihnen auch ein bestimmter Zahlenrhythmus in Ihrem Leben zeigt? Prüfen Sie mal nach. Übrigens saß ich am 30.5.2011 in der Wiener Hofoper und erstand eine halbe Stunde vor Beginn die letzte Karte. Reihe 7, Sitz 13. Diese Kombination wurde mir erst bewusst, als ich schon auf dem Platz saß. Wer bereitete mir dieses Zufallsspielchen mit diesen beiden Zahlen?

Ich bin gespannt, wie es weitergeht und ob das Leben noch weiter mit Zahlenspielen "verrücktspielt". Vielleicht sollten auch wir das Leben nicht so ernst nehmen und öfter mal heiteren Herzens verrücktspielen. Und es wird bestimmt so kommen, dass, wenn Sie Ihre persönlichen Zahlen kennen, die Zufallsbereiter Sie öfter mit Ihren Zahlen überraschen. Das bereitet ihnen Freude - und hoffentlich auch Ihnen.

Der große Roman in sieben Farben

Als ich im Mai 1975 zu Beginn meiner zweieinhalbjährigen Trampreise mit Rucksack und Regenschirm quer durch Afrika reiste und in der algerischen Wüste in einem kleinen Beduinendorf drei Tage pausieren musste, bis ich schließlich einen Lastwagen fand, der mich mitnahm, plante ich einen Roman über meinen Dichtervater Molar zu schreiben. Und ich hörte eine innere Stimme, die sagte: “Schreib ihn in sieben Farben.” Ich wehrte mich dagegen. Das würde im Druck viel zu teuer. Kein Verleger wird von einem noch völlig unbekannten Schriftsteller solches veröffentlichen wollen. Doch sie gaben immer wieder durch: “Schreib ihn in sieben Farben.” Am dritten Tag antwortete ich: “Wenn ihr mir garantiert, dass er auch gedruckt wird, dann schreibe ich ihn in sieben Farben.” Und tatsächlich erschien der erste von vier Bänden mit dem Titel *Molar* 1985 und der letzte 2002 mit dem Titel *Maria*. Wie mir dann offenbart wurde, sind wir ein Schriftstellerteam von zehn Autoren. Einer nur ist auf Erden inkarniert, und das bin ich, der eigentliche “Schreiber”, also nicht der “Autor”. Und, wie Sie sich denken können, ist der ganze Roman versiebt. Jeder der zwölf Monate hat achtundzwanzig Kapitel. Jedes siebte Kapitel ist ein besonderes. Sieben Winter lang schrieb ich daran auf Kreta in Aghia Galini im Hotel Selena. Nach sieben Wintern war der Roman beendet.

Und da ich nun der Sieben verschrieben war, konnte ich vieles Verstecktes in meinen Molar-Roman hineingeheimnissen. (Was für ein Wort!) Dieser Roman ist gespickt mit Zufällen. Zum Beispiel spricht mein Vater auf einer Zugfahrt eine junge Dame an. Und da er nach München reist, trägt sie ihm auf, ihre Mutter dort zu besuchen und ihr einen Gruß zu bestellen. Und jene Mutter heiratet nun meinen Vater und beschert uns somit eine Stiefmutter wie in einem bösen Märchen. Oder im Zug, in dem er die von ihr hergestellten Bastschuhe verkauft, stellt er sich einer vornehmen Dame auch als Dichter vor, der er ein Gedicht zu lesen gibt. Und sie bringt ihn auf die Idee, nicht Bastschuhe, sondern seine Gedichte in den Zügen zu verkaufen. Und von da ab verteilt er gewinnbringend seine von mir in der Baracke ineinander gefalteten Lyrikbögen als "*Lebendiges Sein*". Ich, beziehungsweise "wir", sind nun die Planer, die Zufälle in dieses Buch hineinbuchsieren. Und kann es dementsprechend nicht auch sein, dass wir unser Drehbuch, bevor wir inkarnieren, selbst oder mit Hinweisen und Unterstützung von kundigen Helfern geschrieben haben und es uns dazu gereizt hat, viele Zufälle dort entstehen zu lassen? Sind wir eventuell die eigenen Organisatoren von den uns zu begegnenden Zufällen? Wenn dem also so ist, dann müssen wir hinterfragen: Welche Bedeutung haben nun Zufälle als Ganzes? Warum bereiten wir uns Zufallserlebnisse? Sollten diese uns vielleicht innerlich aufhorchen lassen? Hoppla, das ist ja eigenartig. Warum ereignet sich mir dieser Zufall? Wie konnte es geschehen? Was soll das bedeuten? Ja, wir hatten bei der Planung die Absicht, uns bei der Aufführung auf der Lebensbühne selbst zu verwundern, wenn wir über einen Zufall stolpern. Sind wir es also unter anderem selbst, die diese Zufälle sich ausgedacht haben? Spielen wir eigentlich in unserer dramatischen Komödie selbst die Zufallsereignisse? Und wahrlich, sie geben uns oft viel zu denken. Und das ist nun auch der Sinn der

Zufälle. Denn alles, was sich bei uns Menschen in einem Leben ereignet, ist sinnvoll. Sonst würde es nicht geschehen. Nun? Protestieren Sie? Sicherlich aus Ihrer Sicht zu Recht. Wenn ich nun mit dem Ihnen hier vorgestellten neuen Gedanken Recht haben sollte, was würde das für Sie bedeuten? Würden Sie nun dieses Buch schließen und, wenn Sie es vor einem offenen Kamin in der Hand halten sollten, es ins Feuer werfen? Aber haben manche Dichter so ungefähr nicht die gleichen Gedanken? Warum nennt Dante zufällig sein Werk "Die Göttliche Komödie", während Honoré Balzac sein ganzes Werk zufällig als "Die Menschliche Komödie" bezeichnet? Und auch andere Dichter haben uns vermitteln wollen, dass wir Menschen uns auf einer Theaterbühne befinden und das fertig geschriebene Drehbuch mehr oder weniger gelungen aufführen. Haben die Dichter nicht zufällig auch den insgeheimen Auftrag, Gedankenerweiterndes zu schreiben? Haben Dichter nicht zufällig zudem auch einen beigefügten Auftrag? Was könnte es sein? Das Wort fängt mit einem L an. Dreimal dürfen Sie raten.

Wenn Hellseher oder Medien uns mit Zufällen verblüffen

Hellsehende Medien, wie ich sie in Südafrika, in den Vereinigten Staaten und in England erlebte, versetzen einen oft mit verblüffenden Ereignissen jenseits von Zufälligkeiten in Erstaunen. So hatten meine Partnerin Ulla und ich in den 80er-Jahren ein amerikanisches Medium bei uns zu Gast. Er war bereit, eine Demonstration seiner hellseherischen Fähigkeiten vor Publikum zu geben. Wir mieteten einen Saal. Jeder der Teilnehmer bekam mit dem Eintrittsticket eine Nummer ausgehändigt. Es waren etwa siebzig Karten verkauft worden. Nun stand er vor uns. Er schloss die Augen und nannte eine Nummer, die zu einem der Anwesenden gehörte, und verkündete zur Verwunderung der jeweils Angesprochenen eine Botschaft. Eine davon werde ich nie vergessen. Er nannte die Nummer fünfundzwanzig. Diese bezog sich auf eine Freundin von Ulla, der er jetzt Folgendes sagte: "Wenn Sie heute nach Hause kommen, werden Sie den Brief einer Schulfreundin vorfinden. In diesem befindet sich ein Zeitungsausschnitt mit dem Bildnis Ihres früheren Lehrers." Und tatsächlich, als die Frau spätabends nach Hause kam, holte sie aus dem Briefkasten einen Brief, in welchem das Schreiben ihrer Schulfreundin war nebst dem angekündigten Bild jenes Schullehrers. Dieses Ereignis kann man bestimmt nicht mit Zufall erklären.

Aber gibt es dafür überhaupt eine für uns verständliche Erklärung? Hat dieses Medium unsichtbare Helfer? Könnte es auch sein, dass die Helfer in die Zukunft der betroffenen Person gehen und ihre Gedanken registrieren, wenn sie das Ereignis erlebt? Diese Gedanken vermitteln sie dann telepathisch dem Medium? Oder geht es noch weiter zurück? Hatten die Jenseitigen, um bei dieser Demonstration einen Zufall gewichtiger Art erleben zu lassen, vielleicht sogar den Redakteur oder Journalisten dazu veranlasst, den Artikel nebst Bild in die Zeitung zu setzen? Wie Sie, liebe Leser, sehen, gibt es zufällig noch viel Rätselraten.

Nun wollen wir einen Blick auf den berühmtesten Hellseher werfen. Es handelt sich um den französischen Arzt Michel Nostradamus (1503-1566), von dem sehr viele Voraussagen für die Zukunft in seinen *Quatrains* erhalten geblieben sind. 1789 wird zu Beginn der Französischen Revolution König Ludwigs XVI. mit seiner Frau, Königin Marie Antoinette, und seinen Kindern gefangen genommen. Um der Guillotine zu entgehen, flieht das Königspaar. Doch das Schicksal sollte es einholen. Und nun vergleichen wir die Centurie IX/20 von Nostradamus mit der Wirklichkeit: "Im Wald bei Reims befinden sich zwei auf einem Irrweg, der unschuldige weiße Edelstein, und der Erste und Einzige ist in Grau gekleidet. Sie kommen nach Varenne. Das Haupt der Kapetinger verursacht Sturm, Feuer, Blut, Guillotine." Mit dem weißen Edelstein ist Marie Antoinette gemeint, mit dem Haupt der Kapetinger der König, der dem Geschlecht der Kapetinger entstammte. Sie ist in Weiß und er in Grau gekleidet, um nicht als König erkannt zu werden. Anstatt wie geplant mit der Kutsche in Richtung Verdun zu reisen, verfährt sich wohl der Kutscher und nimmt den Weg über Varennes. Dort werden sie erkannt und nach Paris zurückgebracht. Der König wie auch seine Frau fallen der Guillotine zum Opfer. Ihr Tod bewirkt Krieg (Sturm) mit dem Ausland, viele Ortschaften der Königstreuen werden niedergebrannt (Feuer), Blut wird überall vergossen – nicht zuletzt durch das Fallbeil der Guillotine. Wie konnte Nostradamus 230 Jahre vor diesem geschichtsträchtigen Ereignis diese Begebenheiten vorausgesehen und sogar Einzelheiten wie den Ort Varennes – wenn auch ohne das S – richtig niedergeschrieben haben? Zufall? Sicherlich nicht. Und in einer folgenden Centurie (1/86) ist zu lesen: "Die große Königin sieht sich verloren. Sie wird sich mit männlichem Mut zeigen. Fast nackt bringt sie ein Pferd über den Fluss. Sie wird durch das Eisen getötet. Zugleich wird der Glaube beschimpft." Auch in dieser Centurie wird genau beschrieben, was dann wirklich geschehen ist. Auf einem Pferdewagen wird die Königin zum Gespött der sie wegen ihres Pomps hassenden Bevölkerung über die Seine (Fluss) zum Richtplatz geführt. Und erhobenen Hauptes schreitet sie mutig zum Richtplatz hoch, legt ihren Kopf auf das Holz und das herabfallende Eisen trennt diesen von ihrem Leib. Da der Papst die neuen Menschenrechte der Nationalversammlung für "gottlos" hielt, verbot er dem Klerus, den Eid auf die neue Verfassung zu leisten. Nur die Hälfte der Priester und Mönche hielt sich daran. Es entstand nun auch ein Glaubenskampf, denn der katholische Kirchenglaube sollte durch eine Religion der Vernunft ersetzt werden. Auch das hatte (zufällig?) Nostradamus vorausgesehen. Und auch über Napoleon, der diese Revolution beendete, schrieb Nostradamus: "Er wird das Volk mit Worten und Taten verführen. Mehr Ruhm und Geschrei wird kein anderer hinterlassen."[37] Doch wie sind diese Präkognitionen zu erklären? Schon der Philosoph Plotin erkannte, dass es im höheren Sinne keine Zeit gibt und alles Vergangene und Zukünftige im Hier und Jetzt sich abspielt. Hat Nostradamus tatsächlich in den Spiegel der Zukunft blicken dürfen, wobei er manches ganz exakt wiedergab, manches auch interpretierte?

Und wieder komme ich auf meinen Freund Uri Geller zu sprechen. Er kopiert auf die Entfernung hin Zeichnungen, die ein anderer anfertigt. Zum Beispiel wirft er bei einer seiner beliebten Veranstaltungen einen Ball irgendwo ins Publikum, und jene Person, die ihn gefangen hat, wird nun aufgefordert, eine Skizze ganz nach Belieben aufzuzeichnen. Während diese Person etwas aufmalt, sitzt Uri auf der Bühne und malt eine Kopie davon. Ist das Zufall? Um Uri Geller auf Genaueste zu überprüfen, wurde er an die Universität Stanford in Kalifornien eingeladen, um sich dort in den Laboratorien den strengsten Untersuchungen zu unterziehen. Man setzte ihn in einen sogenannten Faradaykäfig. Durch die Metallpanzerungen können, wie man überprüfte, keine Strahlungen mehr hindurchgehen. Einer der Tester zeichnete eine Skizze, und Uri brachte es fertig, in diesem Käfig eine genaue Kopie herzustellen. Dieses Phänomen kann man am besten mit der Telepathie erklären, gehen doch Gedankenstrahlen selbst durch dickste Wände. Ebenso verhält es sich mit Radio- und Radarstrahlen, die oft ebenfalls durch mehrere Wände hindurchzugehen vermögen, wohl aber nicht in einen Faradaykäfig. Oder hat Uri gar einen unsichtbaren Helfer, der die Skizze außen wahrnimmt? Ich habe dieses Experiment mit Uri in seinem Schlösschen an der Themse selbst durchgeführt. Und obwohl ich so saß, dass er meine Zeichnung nicht sehen konnte, fertigte er eine genaue Kopie von meiner an.

Im Belgrave Square 33 in London hat sich seit vielen Jahren die SAGB (Spiritual Association of Great Britain) niedergelassen. Dort werden spirituelle Vorträge und Seminare angeboten. Medien geben private Sitzungen oder öffentliche Demonstrationen. Ein jeder ist eingeladen, dort teilzunehmen oder über eines dieser Medien mit einem verwandten Verstorbenen in Kontakt zu treten. Coral Polge war lange Zeit dort tätig und hat für ihre Sitters deren Geistführer medial gemalt oder aber auch genau die Gesichter von Verstorbenen wiedergegeben, zusammen mit einer Botschaft. So kam auch einmal ein junger Mann zu ihr - und diese Begebenheit hat sie mir selbst erzählt –, der gerne mit seinem Großvater in Kontakt kommen wollte. Sie malte das Konterfei von C. G. Jung. Aber das war exakt das Bild seines Großvaters. Coral hatte jedoch nicht wissen können, dass sie den Enkel dieses berühmten Psychologen vor sich sitzen hatte, trug er doch nicht mehr dessen Nachnamen.[38]

Manches Mal habe ich es schon erlebt, dass Verstorbene durch die Hand eines Schreibmediums in ihrer zu Lebzeiten gebräuchlichen Handschrift geschrieben haben. Kerstin, die bei uns das Seminar zur automatischen Schrift besuchte, war vor einigen Monaten bei einem Schreibmedium, um herauszufinden, warum sie sich innerlich blockiert fühlte. Das Medium schrieb mehrere Seiten in automatischer Schrift nieder. Hier wurde ihr damaliger Name Rosalia genannt mit folgender Botschaft: "Liebe Kerstin, wir schauen uns für dich nun ein altes Leben an, von dem es wichtig ist, dass du es jetzt anschaust. Es wurde geboren 1920 in Italien ein kleines Mädchen mit Locken, das einzige Kind seiner Eltern. Lange haben sie auf dich gewartet, denn sie hatten alles Geld und Macht – nur keine Kinder, bis du dich entschieden hattest, zu ihnen zu kommen. (...) Als du zweieinhalb Jahre alt warst, hast du in einer warmen Mainacht angefangen, fürchterlich hoch zu fiebern und zu husten. Deine Eltern haben alles getan, damit es dir besser gehen möge. Sie ließen die besten Ärzte des Landes kommen, aber es half alles nichts, und du musstest sterben. Deine Eltern, vor allem die Mutter, wollten nicht wahrhaben, dass ihr geliebtes Mädchen nicht mehr aufwachte. Dein Vater ließ dich von einem damals berühmten Arzt mit einer ganz neuen Technik mumifizieren. Danach wurdest du in einem Glassarg in der Gruft in Sizilien aufgebahrt und hast ausgesehen wie ein schlafender Engel. Deine Eltern haben dich nie wirklich losgelassen, und du bist aus Liebe mit deinem Emotionalkörper bei ihnen geblieben. Das sind deine Fußfesseln, mit denen du immer noch angebunden bist an dieses vergangene Leben." Und es wurde ihr weiterhin ausführlich vermittelt, wie sie ihre Haut, die durch die damalige Einbalsamierung im heutigen Leben mit Neurodermitis erkrankt ist, heilen kann - indem sie die Trennung ihres Emotionalkörpers aufhebt und diesen wieder mit sich vereint. "Ich habe nun", wie Kerstin mir per E-Mail schrieb, "im Internet nachgeforscht, da es ja etwas Außergewöhnliches ist, wenn man mit einer neuen Technik 1920 in Sizilien mumifiziert wurde. Und dann bin ich auf Rosalia Lombardo gestoßen." (Vgl. *de.wikipedia.org/wiki/Kapuzinergruft_(Palermo)*) Und nun stellte Kerstin fest, dass sie sechzig Jahre auf den Tag genau nach Rosalias Todestag am 13. Dezember 1978 geboren worden war. Was für ein Zufallsdatum! Und in einer weiteren E-Mail schrieb sie: "Gestern sind wieder Bücher rausgefallen und verrückt geworden. Bin heute zu Gabriele (das hellfühlende und automatisch schreibende Medium) gefahren und ich habe ihr mein Foto gezeigt. Sie hat ihren Finger auf das Foto gelegt und konnte sehen, dass drei kleine irische Kobolde die Bücher rausgeschmissen haben und sich nun lachend auf die Oberschenkel klopfen. Und Rosalia hätte sie dazu angestiftet." Nun, diese ganze Geschichte lässt einen nachdenken. Die in Sizilien liegende mumifizierte Rosalia ist also als ihre eigene frühere Inkarnation nun unsichtbar bei ihr und stiftet Naturgeister und andere dazu an, Streiche zu spielen. Und Kerstin fügte noch hinzu: "Rosalia hatte noch Helfer aus der geistigen Welt, wie wir erfragen konnten."

Ein von Millionen Anhängern bewunderter und Wunder vollbringender Magier, Guru, Swami, wenn nicht sogar ein von Gott gesandter Avatar ist der Inder Sai Baba (1926-2011) gewesen. Unter den unglaublichen verschiedenartigsten Wundern, die er vollbracht hat, findet man auch einige, die Skeptiker unter Zufällen einordnen würden. So ließ er aus seiner rechten Hand in die ihm dargestreckten Hände seiner Anhänger (Devotees) weißgraue Asche (vibhuti) rieseln, oder er materialisierte ihnen kleine Geschenke - wie Amulette, Armbanduhren, Bilder, Ringe -, die er plötzlich aus dem Nichts in seiner Hand hielt. So vermochte er einigen ihm unbekannten Personen hintereinander jeweils einen Ring zu materialisieren, der zufällig genau auf den Finger des Betreffenden passte.

Ich gebe hier ein Beispiel aus dem sehr lesenswerten Buch von Erlendur Haraldsson[69] wieder. Mit seinen Anhängern besuchte er einen Tempel. Dort befand sich ein Brahmanenpriester. Und eine Devotee wandte sich an Sai Baba und sagte: "Gib ihm doch ein Geschenk, damit er dich in Erinnerung behält." Und er fragte diesen, wen von den indischen Götter er am meisten verehre. Dieser antwortete, dass er zu Ganesh bete, dem Elefantengott. Sai Baba machte eine Handbewegung und übergab dem Priester einen Silberring, auf dessen Stein ein großer Elefant eingraviert war. Und dieser Ring passte auch zufällig genau auf den Finger des Priesters.

Aus demselben Buch hier noch einige Beispiele. Wenn er mit anderen unter freiem Himmel speiste und es kam ein Regenguss, dann sagte er, dass man ruhig weiter draußen speisen könne, denn man würde keinen einzigen Tropfen Regen abbekommen. Und tatsächlich, um sie herum plätscherte es, aber sie saßen zufällig weiterhin im Trockenen. Auch konnte er jemanden fragen, was dieser sich zu essen wünsche. Und manches Mal nannte man ihm eine Frucht, die saisonbedingt nicht zu haben war. Doch plötzlich zauberte Sai Baba aus seiner Hand eben jene gewünschte Frucht. Manches Mal übergab er aus seiner Hand jemandem auf dessen Wunsch hin einen Reisball, der jedoch so heiß war, dass der Empfänger ihn sogleich auf ein Blatt legen musste. Aber Sai Baba verbrannte sich zufällig nicht die Hand. Auch formte er öfter einen kleinen Sandhaufen und entnahm diesem heiße Esswaren und Süßigkeiten. Doch zufällig befand sich auf diesen kein Körnchen Sand. Er liebte es, die Armen mit Speisen zu überraschen. Er ließ sich einen Korb mit Esswaren bringen, in welchem sich nur für eine begrenzte Anzahl der Hungrigen etwas zum Essen befand. Er verteilte es selbst. Doch das Wunder geschah, dass der Korb zufällig immer wieder bis obenhin gefüllt war, so dass all die Hunderte reichlich zu essen hatten. Wer erinnert sich nicht an Jesus, der ebenfalls den begrenzten Vorrat an Fisch und Brot, der nur für wenige gereicht hätte, immer weiter vermehrte, so dass "Fünftausend" gesättigt werden konnten. (Markus 6,41-42) Wie Jesus, so heilte Sai Baba viele Kranke, die ihn um Heilung ersuchten. Auch wird von ihm berichtet, dass er in zwei Fällen jeweils einen Mann, dessen Tod von Ärzten konstatiert war, wieder zum Leben erweckte.

Durch ihre vielen Wundertaten sind Jesus und Sai Baba "zufällig" überdimensional bekannt geworden. Hätten sie diese nicht zu demonstrieren vermocht, wären sie als einer von mehreren predigenden Heiligen verehrt und nach ein, zwei Generationen vergessen worden. Sind diese beiden Avatare zufällig auf diese Erde geboren worden? Oder geschah das aus höherer Vorsehung? Ihre beider Mission war es, den Menschen die göttliche Liebe näherzubringen. Und hat nicht Jesus gesagt, dass nach ihm noch andere kämen, die noch größere Wunder vollbringen würden?

Und noch eine Begebenheit, die mir ein norwegischer Großreeder persönlich berichtete. Durch ein großzügiges Geschenk an Sai Baba gehörte er zu dem inneren Kreis seiner Devotees. Mit dessen Einwirken wurde er zu dem Besitzer der Indian Shipping Company mit ihren vielen Schiffen. Einmal befand sich dieser Reeder, dessen Namen ich leider vergessen habe, in Kalkutta und sollte eine dringende Ladung nach Dhakar in Bangladesch befördern. Wegen der prekären politischen Lage war der Grenzverkehr eingestellt. Die einzige Möglichkeit bestand darin, mit einem nichtindischen Schiff die Ladung nach Dhakar zu bringen. Zufällig lag in Kalkutta ein deutsches Frachtschiff, dessen Kapitän dem Reeder bekannt war. Dieses sollte noch am gleichen Tag nach Dhakar auslaufen. Doch die Papiere für die Ladung würden erst am nächsten Tag von den Behörden ausgestellt werden können. Er bat also den Kapitän, seine Abfahrt auf den morgigen Tag zu verschieben, was jener aber aus Dringlichkeitsgründen ablehnte. Nun fuhr das Schiff davon. Der Reeder betete zu Sai Baba und bat ihn, ihm zu helfen, dass die betreffende Ladung irgendwie dennoch pünktlich nach Dhakar gelangen könne. Und auf einmal kam zufällig ein großer Sturm auf. Der deutsche Frachter musste umkehren. Somit konnte dieser am nächsten Tag die betreffende Fracht an Bord nehmen und nach Dhakar befördern. Und als der Reeder wieder nach Puttaparthi zu Sai Baba zurückkehrte, legte dieser seinen Arm um ihn und sagte: "Na, wie habe ich das gemacht mit dem Sturm?"

Und nun noch ein großes Zufallsereignis, das ich mit Sai Baba erlebte. Auf meiner fünfeinhalb Jahre währenden Reise *Per Anhalter um die ganze Welt*[3] wollte ich 1967 in Whitefield Sai Baba besuchen. Doch die beiden Pförtner am großen Eingangstor vor dem Grundstück seiner prächtigen Villa wollten mich nicht zur Zeit der Mittagsruhe zu ihm lassen. Ich ging um dieses Grundstück herum und fand zufällig ein Loch im Zaun. Ich bin dort durchgekrochen und befand mich in dem menschenleeren Garten und ging auf seine Villa zu. Und die beiden Wärter hatten zufällig ihre Augen nur auf die Straße gerichtet. Als ich zur Rückseite der Villa gelangte, stand plötzlich in der Hintertür der von Hunderttausenden bewunderte Heilige vor mir.

Später war ich zweimal in Puttaparthi, ohne ein besonderer Devotee zu sein. 2015 besuche ich mit Sinaida Burma/Myanmar. Als wir am Flughafen in Yangon für unseren vorgebuchten Flug nach Mandalay einchecken wollten, vermisste ich meinen Reisepass. Ich durchsuchte meinen kleineren Koffer und alles, was ich bei mir trug. Der Pass war nicht zu finden. In zwei Stunden war Abflug. Ich ließ Sinaida beim Gepäck zurück, nahm ein Taxi, fuhr die zwanzig Kilometer zu unserem Hotel zurück, wo mein großer Koffer deponiert war. Ich öffnete ihn und durchwühlte alles, doch auch dort war der Pass nicht zu finden. Gerade noch rechtzeitig erreichte ich den Flughafen. Da ich aber meinen Personalausweis vorzeigen konnte, bekam ich die Bordkarte. In Mandalay verständigten wir die deutsche Botschaft in Yangon, die uns riet, dass ich bei meiner Rückkehr in die Hauptstadt zuallererst der Polizei den Verlust zu melden hatte, bevor sie mir einen Ersatzpass für meine Ausreise ein paar Tage später ausstellen würden. Vor unserer Rückkehr von Bagan mit dem Bus nach Yangon bat ich Sai Baba inständig, mir zu helfen, dass ich meinen Pass - auf welche Weise auch immer - zurückerhalten möge. Und als wir in unser Hotel zurückgekehrt waren, machte ich meinen großen Koffer auf - und zu meinem Erstaunen lag der Pass, nachdem ich einige Wäschestücke zur Seite gelegt hatte, zufällig ganz offen da. Aber ich hatte doch noch vor ein paar Tagen den ganzen Inhalt herausgenommen, um alles nach diesem Pass zu durchsuchen ... Wie ist der Pass auf einmal dort zufällig hineingelangt?

Eingebungen und Vorausahnungen, die sich als richtig erweisen

Berühmt für seine Hellsichtigkeit ist zur Goethezeit der schwedische Hellseher Emanuel Swedenborg (1688-1772) gewesen, welchen sogar auch der kritische Philosoph Emanuel Kant bewunderte. Am 19. Juli 1759 beschrieb Swedenborg von Göteborg aus den großen Brand seiner vierhundert Kilometer entfernten Heimatstadt Stockholm. Und eine Stunde später fügte er hinzu, dass sein Haus jedoch verschont geblieben sei. Zwei Tage später kam per Eilbote die Nachricht, dass diese Stadt zu großen Teilen niedergebrannt war. Jedoch sein Haus war zufällig von den Flammen verschont geblieben. Wie kam er eigentlich dazu, zufällig den großen Brand in Stockholm wahrnehmen zu können? Hierzu nun seine Antwort: "Ich sehe voraus, dass viele, die das hier Folgende und die Denkwürdigkeiten hinter den Kapiteln lesen, dieselben für Erfindungen der Phantasie halten werden; allein ich versichere in Wahrheit, dass sie keine Erfindungen, sondern wirklich Geschehenes und Gesehenes sind. Geschehenes nicht in irgendeinem Betäubungszustand des Gemüts, sondern im Zustand völligen Wachens."[39] Während die meisten Medien, die ich bei medialen Mitteilungen erleben durfte, sich in irgendeine Art Vertiefung versetzen bis hin zur Außerkörperlichkeit, indem sie ihren Körper einer Wesenheit überlassen, war Swedenborg ohne Versenkungszustand in der Lage, Dinge wahrheitsgemäß vorauszusagen. Er hat eine ganze Reihe von medialen Durchgaben in Büchern festgehalten, die zu seiner Zeit und darüber hinaus weit und breit gelesen wurden, wie er auch eine nach seinen Vorstellungen beziehungsweise Durchgaben gegründete Glaubensgemeinschaft ins Leben rief, deren Anhänger auch heute noch in Amerika, England und Deutschland sonntäglich in ihre speziellen Andachtshallen oder Kirchen gehen. Swedenborgs Vorausschauungen waren also keine Zufallstreffer, denn sie erwiesen sich meist als richtig.

Maria, eine gute Bekannte von mir, vermag oft Dinge vorauszusagen. So meldete sich bei ihr telefonisch ein Freund von unterwegs an, der sie in Berlin besuchen wollte. Auf einmal hatte sie die Eingebung, dass ihm etwas passiert sei. Sie schaute auf die Uhr. Diese war um 11.13 Uhr plötzlich stehen geblieben. Und wie sich später herausstellte, hatte er genau um diese Zeit einen Autounfall gehabt, so dass er ins Krankenhaus transportiert werden musste. Diese Fähigkeit, Dinge vorauszusehen, hatte sie, wie Maria mir berichtete, von ihrer Mutter geerbt. Während des Zweiten Weltkrieges hatten die Flieger damit begonnen, Berlin zu bombardieren. Und als Vierjährige hatte Marias Mutter in einem Traum die Eingebung, dass ihr großes Mietshaus am nächsten Tag durch Bombenabwurf niederbrennen würde. Außer ihren Familienmitgliedern, die sich an dem Tag außerhalb der Stadt eine vorübergehende Bleibe suchten, glaubten die übrigen Mitbewohner nicht an den Traum. Man lachte sie aus. Doch in der kommenden Nacht geschah zufällig genau das von ihr Vorausgesehene, wobei einige Mitbewohner den Tod fanden.

Frauen haben oft Vorausahnungen, viel mehr als Männer, welche sich mehr von ihrem Verstand leiten lassen. So wollte ich 2004 wieder einmal auf meine Lieblingsinsel Phi Pi Island reisen, um dort in den Wintermonaten zu schreiben. Doch Sinaida meinte, dass ich nicht nach Thailand, sondern lieber nach Bali oder an einen anderen Strand Südostasiens reisen sollte, weshalb ich mich wieder auf Bali niederzulassen beschloss. Am 27. Dezember las ich dort zu meiner Überraschung auf den Titelseiten der Zeitungen, dass es am Tag zuvor einen Tsunami auf der nordwestlichen Seite von Sumatra gegeben hatte, der nicht nur die dortigen Gebiete in der Nähe der Strände total verwüstet hatte, sondern auch an den Küsten Westthailands und Südostindiens wie auch an den Südküsten Sri Lankas hatte er zu großen Schäden geführt, wobei nach Schätzungen weit über hunderttausend Menschen ums Leben gekommen waren. Jedoch auf Bali war nichts von diesem Tsunami zu verspüren gewesen. Einige Jahre später flog ich wieder nach Thailand und besuchte auch Phi Pi Island. Die Gegend, wo mein Bungalow gestanden hätte, war noch immer verwüstet. Hätte ich nicht auf Sinaida gehört, wären viele Bücher samt dem jetzigen nicht geschrieben worden. Doch vielleicht hätte ich als Geist anderen Autoren bei der Abfassung ihrer Bücher inspirierend zu Seite gestanden. Also das Fazit der Geschichte: Männer, hört öfter auf eure Frauen, denn sie haben meist zufällig Recht mit ihren Vorausahnungen.

Wenn im Traum Bedeutsames eingegeben oder vorausgesagt wird

Während ich von 1977 bis 1984 über sieben Winter hinweg auf Kreta meinen Siebenfarbroman schrieb, besuchte ich auf dem Hin- oder Rückweg auch andere Sehenswürdigkeiten in Griechenland. So begab ich mich auf der Insel Kos zu den Ruinen des berühmten Apollontempels im Asklepieion. Hier befand sich in der antiken Zeit das größte Heilzentrum des gesamten Mittelmeerraums, das unter anderem auch von den berühmten Ärzten Hippokrates und Xenophon betreut wurde. Kranke aus allen Gegenden kamen hierher, um sich zum Tempelschlaf hinzulegen und entweder dort von dem Gott Äskulap oder gar von Apollon selbst geheilt zu werden. Nachdem ich in diesen Ruinen herumgeklettert war, legte ich mich zu einem Mittagsschläfchen in den Apollontempel hin – ich war damals der einzige Tourist dort, und es war kein Wärter zu sehen. Im Schlaf wurde mir gezeigt, dass ich mich nicht wie gewohnt auf die Seite legen sollte, da dann das Herz mehr Arbeit hätte, denn es müsste vertikal das Blut nach oben befördern, während es weniger zu leisten hätte, wenn ich auf dem Rücken läge, da dann das Blut in seinen Bahnen horizontal fließen könne. War es ein Zufall, dass ich diese Eingabe nicht irgendwo auf der Welt, sondern gerade in einem Heiltempel erhielt? Wer hatte mir das eingegeben? Sind hier immer noch unsichtbare Heiler am Werk, die solche Eingaben durchführen? Wenn sich diese Heilungsmöglichkeiten herumsprechen sollten, würde dieser Tempel sicherlich wieder von vielen Heilungsbedürftigen aufgesucht werden.

Die Psychotherapeutin Elisabeth Mardorf berichtet in ihrem Buch *Das kann doch kein Zufall sein!* [40] über eine ihrer Klientinnen, die ihr Folgendes berichtete: Eine Frau T. hatte sich schon lange von ihrem Ehemann getrennt und lebte in einer neuen Beziehung, mit der sie jetzt in Spanien Urlaub machte. Sie musste aber dauernd an ihren Ex denken, was sie schon lange nicht mehr getan hatte, war doch für sie alles aus und vorbei. Doch dann überkamen sie Träume, in welchen ihr Exmann immer vorkam. Sie erlebte, dass er eine neue Frau hatte und umgezogen war. Sie hatte sich all diese Träume notiert, um sie auch ihrer Therapeutin vorzulesen. Als nun Frau T. nach Hause kam, entdeckte sie beim Aufräumen Fotos aus der Zeit ihrer Ehe. Sie hatte einen Weinkrampf. Einen Tag später traf sie alte gemeinsame Freunde, die ihr berichteten, dass sie soeben von der Hochzeit ihres Exmannes zurückgekehrt seien. Und der letzte ihrer Träume war genau an dem Morgen gewesen, als ihr Mann erneut heiratete.

Ich wachte eines Nachts gegen 3.30 Uhr auf. Meine Sinaida regte sich. Dann sagte ich ihr, dass mir im Traum gerade eingegeben worden sei, dass ich mehr Wasser trinken solle. Und sie entgegnete, dass sie im Traum gerade die gleiche Eingebung bekommen habe. Wer hatte uns diese Durchgabe parallel und zur gleichen Zeit eingegeben? War es ein Geistführer gewesen? Hatten wir uns in einem parallelen Traum befunden? Oder gibt es auch Traumverschränkungen? Oder handelte es sich hierbei nur um einen bedeutungslosen Traum? Sicherlich war es, wie Sinaida es interpretieren würde, ihr Schutzengel oder Geistführer, der über uns wacht und uns auch im Schlaf Hinweise gibt. Wir sind auch im Schlaf nicht allein. Wir werden behütet. Einen Teil der Nacht verbringen wir auch in unserer eigentlichen Heimat, dem Jenseits, wo wir auch wichtige Hinweise bekommen können. Wenn wir beispielsweise etwas verloren haben, dann können wir fragen, wo wir es wiederfinden können. Und wenn wir aufwachen, dann wissen wir auf einmal, wo das vermisste Kleidungsstück, der Schlüssel oder das Schreiben vom Finanzamt zu finden ist. Wie heißt es so schön? Den Seinen gibt's der Herr im Schlaf. Aber wir sind es wohl eher selbst, die sich im Jenseits während des Schlafens daran erinnern, wo etwas Verlorenes zu finden ist.

In dem Buch *Die Magie des Zufalls* von Allan Combs und Mark Holland[41] findet sich folgende Geschichte, die ich wiedergebe, für deren wirkliches Geschehen ich aber nie meine Hand ins Feuer legen würde. Die Königin von Spanien (ungeklärt welche) träumte, dass ihr im Schloss ein Schwein auf den Treppen entgegenkommen würde. So etwas hatte sich im Schloss noch nie ereignet. Aber tatsächlich, am nächsten Morgen passierte genau das.

Viele, die eine Eingabe für eine Erfindung hatten im Traum, schreiben diese schnell auf. Berühmt ist die Aussage von Albert Einstein, der sagte, dass er eines Morgens aufwachte und auf einmal die berühmte Formel im Kopf hatte: $e = mc^2$.

Ich glaube, dass ich in einem Buch von Robert Monroe Folgendes gelesen habe.[42] Er hatte sich im außerkörperlichen Zustand im Hotel auf einmal in dem Zimmer einer jungen Dame befunden und mit ihr, die ebenfalls aus ihrem physischen Körper ausgestiegen war, ein sehr intimes Tête-à-Tête erlebt. Und als Robert am nächsten Morgen den Fahrstuhl nach unten nimmt, steigt in der nächsten Etage genau diese Frau hinzu. Sie schaut ihn kurz an, bekommt einen roten Kopf und blickt verlegen zu Boden. Es kann also zufällig vorkommen, dass wir einer uns fremden Person begegnen, der wir im außerkörperlichen Zustand tatsächlich auch schon begegnet sind.

Wir können in der Nacht aber auch Warnungen erhalten oder wir erfahren, was am nächsten Tag passieren wird. Wenn wir aufwachen, haben wir vielleicht das Gefühl, dass heute ein Zugunglück passieren wird. Und am Abend in den Fernsehnachrichten sehen wir Bilder des vorausgeahnten Zugunglücks. Einige Leute haben mit ihren Voraussagen zufällig fast immer Recht. Jetzt wissen wir, warum.

Zufälle bei der Entstehung von genialen Schöpfungswerken

Der in Wetzlar am Reichskammergericht eingestellte Referendar Goethe geht an der Lahn entlang. Wie er in seiner Autobiographie *Dichtung und Wahrheit* schreibt, trägt er sich mit dem Gedanken, sich angesichts der schönen Umgebung auch seinem zweiten Talent als Landschaftsmaler zu widmen. "Da stieg in mir der alte Wunsch wieder auf, solche Gegenstände würdig nachahmen zu können. Zufällig hatte ich ein schönes Taschenmesser in der linken Hand. Und in dem Augenblicke trat aus dem tiefen Grunde der Seele gleichsam befehlshaberisch hervor: Ich sollte dies Messer ungesäumt in den Fluss schleudern. Sähe ich es hineinfallen, so würde mein künstlerischer Wunsch erfüllt werden; würde aber das Eintauchen des Messers durch die überhängenden Weidenbüsche verdeckt, so sollte ich Wunsch und Bemühung fahren lassen." Und dieses herausgeforderte Orakel entschied sich "zufällig" gegen seinen insgeheimen Wunsch, auch als Maler hervorzutreten, was ihn sicherlich davon abgehalten hätte, weitere genialste Dichtungen zu verfassen. Denn es war von höherer Seite für ihn bestimmt, sich ganz der Dichtung hinzugeben. Deshalb kam auch zufällig dieser "befehlshaberische" Ton, damit er sein Dichtertalent nicht mit dem Talent als Landschaftsmaler vereinte. Denn dass das Eintauchen des Messers von ihm nicht gesehen wurde, war natürlich schon vorgesehen gewesen.

Es war der Briefroman *Werthers Leiden*, der ihn in kürzester Zeit zu einem weit und breit bekannten Schriftsteller werden ließ. Diesen Roman über seine Liebe zu der schon vergebenen Charlotte Buff las auch der junge Herzog von Weimar. Und anlässlich seiner Durchreise zur Hochzeit mit Louise von Hessen besuchte er Goethe zweimal in Frankfurt und überredete ihn, nach Weimar zu kommen, wo er nicht nur ihm als geheimer Rat beistehen sollte, sondern auch als Dichter finanziell unabhängig dem Schreiben neuer Dichtungen nachkommen könne. Da aber die versprochene Einladung des Herzogs von Weimar samt angekündigter Kutsche nach einer Weile immer noch nicht eingetroffen war, begab sich Goethe auf Zureden seines Vaters auf eine Reise nach Italien, blieb jedoch noch einige Tage in Heidelberg. Und dort erreichte ihn vor seiner Weiterfahrt die Botschaft, direkt nach Weimar zu kommen. Hätte diese Botschaft ihn nicht mehr erreicht, wäre der Dichter nach Italien gereist, und wer weiß, was sich dann an anderen Lebenseinwirkungen ergeben hätte. Es war also kein Zufall, dass Goethe die endgültige Einladung noch vor seiner Weiterreise nach Italien erhielt, denn es war ja höhere Bestimmung, dass er nach Weimar kommen sollte. Die wichtigen Ereignisse im Leben sind alle vorbestimmt, und Zufälle sind nur Bindeglieder zu den schon feststehenden Ereignissen.

Auf dem Segelschiff, das den noch jungen Dirigenten Richard Wagner mit seiner Frau Minna von Riga nach London brachte, wurden sie "dreimal von heftigstem Sturme" heimgesucht. Die Matrosen, wie er in seiner Autobiographie schreibt, erzählten ihm die Sage vom Fliegenden Holländer. Dieses Erlebnis brachte ihn auf die Idee für den Text für seine zweite größere Oper, *Der fliegende Holländer*.

Als Mozart schon körperlich schwach war und kränkelte und wohl in Vorausahnung seines baldigen Sterbens ein bestelltes Requiem zu schreiben beabsichtigte, eilte sein Freund Emanuel Schikaneder mit einem von ihm soeben fertiggestellten Opernlibretto herbei und bedrängte Mozart, die Musik dazu zu komponieren und sogleich damit anzufangen, wollte er diese Oper doch sehr bald in seinem Theater zur Aufführung bringen. Und so geschah es, dass Mozart sofort mit der Vertonung der Zauberflöte begann. Diese Oper sollte späterhin sein bekanntestes Bühnenwerk werden, dessen Uraufführung er, weil bettlägrig, selbst nicht mehr miterleben konnte. Wäre Schikaneder zufällig nicht gleich mit seinem neuen Opernlibretto zu Mozart gekommen, dann wäre diese Oper nie geschrieben worden. Oder doch? Alle Werke, die Mozart oder andere Komponisten von Bedeutung erschaffen haben, waren schon vor der Niederschrift auf Erden in der höheren Welt vorhanden. Und es war vorgesehen, dass Mozart diese schon fertige Schöpfung für die Erdenbewohner als krönenden Abschluss seines Opernschaffens manifestierte. Schöpferische Meisterwerke sind Kopien der schon in der höheren Welt bestehenden und auch oft schon aufgeführten Schöpfungen – wie auch alle technischen Erfindungen schon in der jenseitigen Welt vorerschaffen sind. Deshalb sind auch die Genies alle sehr demutsvoll bezüglich ihrer Werke. Wagner bekannte einmal, dass alles, was er mit der Erschaffung eines Werkes zu tun habe, sei, fleißig zu sein. Und es war kein Zufall, dass er bei dem Ehepaar Otto und Mathilde Wesendonck in der Schweiz Zuflucht nahm und sich heimlich derart in die Ehefrau seines Gönners verliebte, dass er, von diesen Gefühlen übermannt, mit *Tristan und Isolde* das gewaltigste Liebesdrama in Text und Musik erschaffen konnte. Wäre ihm nicht zufällig das Gartenhaus auf dem Grundstück dieses Ehepaares als Aufenthaltsort angeboten worden und hätte er sich nicht zufällig in die attraktive Ehefrau verliebt, wäre dieses gewaltigste Werk der

Operngeschichte nie komponiert worden. Alles wurde von höherer Seite gelenkt, so dass dieses Meisterwerk auch auf die Erde kommen konnte. Denn wie jedes Kunstwerk von höherer Bedeutung war auch der *Tristan* sicherlich im Jenseits bereits komponiert worden. Und Wagner, der dieses Werk vielleicht schon im Jenseits selbst komponiert hatte, musste auf Erden in eine höhere Liebesschwingung gebracht werden, um dieses nun auf die Erde transponieren zu können. Vielleicht war er auch schon mit Mathilde in einem oder mehreren früheren Leben in Liebe verbunden gewesen, so dass er wieder in jene höheren Schwingungen der Liebe versetzt wurde, um dann mit diesen dieses gewaltige Werk auf der Erde zu erschaffen. All diese Zufälle, die die Oper entstehen ließen, sind auf höhere Planung zurückzuführen.

Hermann Sudermann (1857-1928) war zu Ende des 19. Jahrhunderts ein viel gelesener Schriftsteller. In Lima hatte ich sogar noch eine Straße mit seinem Namen entdeckt. Seinen ersten großen Roman *Frau Sorge* (erschienen 1886) trug er als Manuskript unter dem Arm, um in Insterburg den Zug nach Hamburg zu besteigen, damit er dort sein Werk einem Verleger vorlegen konnte. Doch traf er in Insterburg Freunde, die ihn zu einem Saufgelage verführten, wonach man ihn stockbetrunken in den Zug nach Hamburg setzte. Als er dort angekommen war, entdeckte er, dass sein Manuskript fehlte. Somit nahm er den nächsten Zug nach Insterburg zurück. Er ging in jene Kneipe, weil er dachte, er habe das Manuskript bestimmt dort liegen lassen, aber niemand wusste, wo es geblieben sein könnte. Verdrießlich ging er in ein anderes Wirtshaus, um seinen Kummer zu ertränken. Und als er im Hof die Toilette aufsuchte, entdeckte er sein aufgerolltes Manuskript, welches, von einem Draht durchzogen, als Toilettenpapier dort hing. Hier an diesem Beispiel sehen wir, wie Dichtern auf die verschiedenste Weise geholfen werden kann, damit ein bedeutendes Werk nicht verloren gehen darf.[43]

Als ich als Student meinem Vater einmal eines meiner Gedichte zeigte, fragte ich ihn, wie er zu dem Namen Molar gekommen sei. Nun vertraute er mir die Begebenheit an, die ihn zum Dichter werden ließ. Er war in den letzten zwei Jahren während des Zweiten Weltkrieges als Marinestabsapotheker an der französischen Westküste in Le Havre dafür verantwortlich gewesen, dass die deutschen U-Boote mit den benötigten Medikamenten und Verbandsmaterial versorgt wurden. Seine Dienststelle war einem großen Lazarett angeschlossen. Er ließ sich abends, bevor das Licht in allen Zimmern gelöscht wurde, von den Krankenschwestern die Zimmer der Schwerverwundeten sagen, um diese zu fragen, ob sie noch ein Schlaf- oder Schmerzmittel benötigten. In einem der Betten lag ein an jenem Tag operierter Panzerleutnant, der fast am ganzen Körper mit Brandwunden übersät war. Nicht nur große Teile seines Körpers, sondern auch sein Gesicht war vollkommen umwickelt mit Verbänden, so dass nur noch ein Schlitz für den Mund und für die Nasenlöcher freigelassen worden war. Als mein Vater ihn fragte, ob er noch etwas für die Nacht benötige, redete dieser ihn an: "Bist du Karl-Ernst? Ich bin Wolfram Brockmeier." Mein Vater war sehr überrascht und erinnerte sich gut an diesen, denn beide hatten zusammen in Halle Pharmazie studiert und beim Niederschreiben von Gedichten miteinander konkurriert. Wolfram wusste, dass sein Studienfreund ihn hier besuchen würde, denn sein bereits verstorbener Vater hatte es ihm angekündigt und ihn auch wissen lassen, dass er aufgrund der großflächigen Hautverbrennungen nicht überleben würde. Wolfram gestand nun meinem Vater, dass er es bitterlich bereue, Gedichte für die Hitlerjugend geschrieben zu haben, die dann auch als Lieder von Millionen Jugendlichen gesungen worden waren. Er habe damit das Hitlerregime unterstützt und die Jugend für diesen Diktator und dessen Ideen begeistert. Er wisse, dass er falsch gehandelt habe und somit Mitschuld am Tod vieler junger Männer trage.

Wenn er überlebte, würde er nun Gedichte ganz anderer Art verfassen, und zwar Gedichte, die dem Weltfrieden, der Versöhnung und der mitmenschlichen Liebe dienen würden. "Kannst du", so fuhr er fort, "diese Aufgabe nicht an meiner Stelle übernehmen? Die Menschheit muss sich als Gemeinschaft von Brüdern und Schwestern verstehen. Es darf keine Feindschaften mehr geben." Mein Vater versprach ihm bei dieser zufälligen Begegnung, dass er diesem Wunsch nachkommen werde. Und ihm wurde auf einmal der Name "Molar" eingegeben, den er als sein Dichterpseudonym anzunehmen beabsichtigte. Diesem Auftrag folgend, entstand 1949 das folgende Gedicht.

Welthymne

Reißt auf das Tor zum Licht! Die Freiheit soll uns
werden! Wir brauchen die Schwerter nicht, wir brau-
chen die Herzen auf Erden!

Die Grenzen verfallen der Zeit; Weltbürger sie be-
zwingen! Macht euch dem Aufruf bereit, Vernunft
den Völkern zu bringen!

Alle Menschheit beseele ein Schwur: Keinen Krieg
mehr darf es geben! Säen und Ernten auf jeglicher
Flur; GEHEILIGT SEI DAS LEBEN!

Sind Religionen zufällig entstanden?

Keine Religion ist zufällig entstanden. Denn alles wurde vorher an "höherer Stelle" geplant. Die Religion beabsichtigt, den Menschen Leitlinien für ihr Verhalten zu geben und will sie wissen lassen, dass es eine höhere Welt gibt, in der Gott, seine Stellvertreter (Engel) und Abgesandten (Religionsgründer, Avatare) beheimatet sind, zu denen wir nach dem Ableben wieder zurückkehren, um zu beurteilen, inwiefern wir gegen die göttlichen Gesetze und die Liebe verstoßen haben. Das Widersprüchliche bei Religionen ist meistens durch eine unkorrekte Wiedergabe oder durch spätere Hinzufügungen von anderen entstanden. Das Wort Christi "Liebet eure Feinde" ist dadurch oft ins Gegenteil gekehrt worden.

So berufen sich auch Religionsgründer und Propheten auf höhere jenseitige Autoritäten. Mose bekommt durch Gott die Gesetzestafeln. Jesus beruft sich auf Gottvater und den Heiligen Geist. Mohammed verweist auf Allah, dessen Wille ihm über Erzengel Gabriel vermittelt wurde. Ohne diese Bezüge auf höchste Autoritäten, sprich Gott/Allah, würden Religionsvermittlungen keine dauerhaften Wirkungen beschieden sein. Doch die Auslegungen der heiligen Schriften bewirken oft verfeindete Anhängerschaften. Die Katholiken distanzieren sich von den Protestanten, die Sunniten bekämpfen manche Lehren der Schiiten, die jüdischen Aschkenasim verhalten sich abweisend gegenüber den Sephardim. Religiöse Rechthabereien entzweien die Menschen. Aber vielleicht sind orthodoxe Lehren zufällig auch wichtig, um den Menschen aufzufordern, sein eigenes Gewissen zu befragen, ob Pfade der Lieblosigkeit anderen gegenüber nicht gegen die Liebe Gottes verstoßen. Und jedes lieblose Verhalten anderen gegenüber, wer immer es sein mag, zieht karmische Konsequenzen nach sich. So ist auch ein Schicksal nicht zufällig an eine Seele gebunden, sondern dient als notwendige Erfahrung gemäß des Gesetzes: Was du anderen antust in Liebe oder Hass, tust du dir selbst an. Denn ein liebevolles Verhalten anderen gegenüber kehrt in mannigfacher Weise als Liebe zurück, während im Gegensatz dazu liebloses Verhalten gegenüber anderen Lebewesen, auch Tieren, oft über harte Schicksalsschläge wieder zu einem zurückkehrt. Das Karmagesetz ist von der Schöpfung nicht zufällig in die Menschenleben hineingewoben, sondern dient der Liebewerdung aus Erfahrung. Und das Medium James Van Praagh schreibt: "Ich aber glaube nicht an Zufälle. Nichts geschieht ohne Grund. Die Ursache ist Karma und keinesfalls Glück."[65]

Wenn an zwei verschiedenen Orten zufällig das Gleiche passiert

Es ist schon öfter vorgekommen, dass ein Forscher in seinem Land plötzlich eine verblüffend neue Erfindung gemacht hat, während zur gleichen Zeit ein anderer in einem anderen Land die gleiche Erfindung patentieren lassen wollte. Wie ist so etwas möglich? Zufall? So war Alfred Nobel bei der Patentierung seiner Erfindung des Dynamits einem anderen zuvorgekommen, der zur gleichen Zeit eine solche Erfindung machen konnte. Hierzu die Erklärung des Geistführers von James van Praagh: "Alles - Bilder, Geschichten, Musik, neue naturwissenschaftliche Erkenntnisse - entsteht ursprünglich im Himmel und kommt danach zur Erde."[26] Wenn sich Wissenschaftler und Techniker wieder im Jenseits eingefunden haben, werden sie sich dort gern wieder solchen Gruppen von Erfindern anschließen, die alle Erfindungen, die auf die Erde transferiert werden sollen, studieren. Und so kann es ihr Auftrag sein, diese als neue Erfindungen auf Erden zu präsentieren - aber vielleicht beabsichtigt ein anderer aus dieser Erfindergruppe ein Gleiches im selben oder in einem anderen Land. Es ist also kein Zufall, wenn solche Erfindungen zufällig zur gleichen Zeit stattfinden, abgesehen natürlich von der Entwicklung der Technik, die aus vorhergehenden Erfindungen weiterentwickelt wurde und keine revolutionäre Neuerfindung darstellen muss.

Aber es ist zufällig noch nie vorgekommen, dass das neue Gedicht eines Dichters von einem anderen Dichter wortwörtlich zur ungefähr gleichen Zeit veröffentlicht wurde. Denn ein Gedicht ist immer an die Seele einer individuellen Person gebunden. So sagte auch Goethe von sich, dass ihm alle seine Dichtungen diktiert worden seien. Wahrscheinlich hatte er diese schon im Jenseits geschrieben und ließ sie sich dann mittels der Inspiration durchgeben. Ein Dichter wird nicht zufällig auf Erden Dichter. Denn auf ein solches Amt hat er sich in vorausgegangenen Leben und dann besonders vor Antritt seines jetzigen Dichterlebens vorbereitet. Und dieses Vorbereiten bezieht sich auf alle Künstler, seien sie Musiker, Schriftsteller oder Maler.

Wenn Vorhersagen zufällig eintreffen

Mit meiner damaligen Partnerin flog ich 1989 nach Indonesien. Im Flugzeug hörte ich ganz deutlich wie noch nie eine innere Stimme, die sagte: "Dies ist dein letzter Fernflug mit Ulla." Ich war überrascht, denn ich hatte keinerlei Absicht, mich von ihr zu trennen. Aber nach einer Weile hörte ich diese sehr deutliche Stimme im Inneren erneut. Und tatsächlich. Im folgenden Jahr lernte ich Monika kennen, die sich mit ihrem Sanyassinnamen Shanti nannte und mit der ich später in das Ashram von Baghwan/Osho nach Poona/Pune reiste. Ich trennte mich schweren Herzens nach neunjähriger Beziehung von Ulla und begann eine vier Jahre währende Beziehung mit Shanti. Woher wusste jene mich zufällig im Flugzeug ansprechende Stimme, dass ich mich bald von Ulla trennen würde? War diese Trennung schon in meinem Lebensplan vorgesehen gewesen? Entstehen neue Beziehungen oder Trennungen gemäß des geplanten Lebensweges? Dann beruhen eigentlich alle Beziehungen wie auch alle Schicksalsschläge nicht auf Zufälligkeiten, sondern ereignen sich gemäß der im Jenseits schon vorbereiteten Planung. Und wir haben entweder bei der Planung aktiv mitgewirkt, da wir wussten, was wir für Lernschritte mit wem, wann und wie lange zu erlernen haben, oder wir hatten zumindest der Planung zugestimmt. Das heißt also, dass alles, was uns wie auch immer widerfährt, vorausgeplant ist und dass wir diesem zugestimmt haben. So stolpern wir im Leben oft über scheinbare Zufälle - nicht wissend, dass wir diese selbst geplant haben.

Durch Zufall kamen einige Thoraforscher auf den Gedanken, ob vielleicht in diese von Mose überlieferten Texten auch schon Zukünftiges hineincodiert sein könnte. Und sie wurden erstaunlicherweise bei zu suchenden Namen im Text fündig. Um ein Beispiel zu geben: Sie konnten bei der Suche des Namens des damaligen Ministerpräsidenten Rabin nicht nur dessen Namen entziffern, sondern auch gleichzeitig den Hinweis auf seine Ermordung im Jahre 5756 des jüdischen Kalenders, was 1995 entspricht. Die Entzifferer wollten den Ministerpräsidenten vor dem Attentat warnen, doch ihre Forschungen fanden keine Beachtung. Aber dann geschah wirklich in dem angegebenen Jahr die Ermordung durch einen Attentäter namens Amir. Und nun fand man neben dem Namen von Rabin und dem Jahr 5756 auch den Ort des Attentats, nämlich Tel Aviv - und zum großen Erstaunen auch den Namen des Mörders: Amir. So viele Zufälle auf einmal, würde man sagen! Doch jene, die sich mit der Dechiffrierung der Thora befassen, sind davon überzeugt, dass diese Angaben auf keinen Fall auf Zufällen beruhen, sondern dass damals schon bei der ersten Niederschrift der Thora das zukünftige Geschehen ihres Volkes niedergeschrieben worden ist.[64]

Gefahren beim Pendeln und Gläserrücken

Ich habe früher selbst in Workshops Pendelkurse gegeben, kombiniert mit Wünschelrutengehen. Während beim Pendel oder Biotensor eine unsichtbare Hand die betreffenden Ausschläge bewirkt, wirkt bei der Wünschelrute beim Überqueren von sich überkreuzenden Wasseradern die magnetische Anziehungskraft, welche die in zwei Fäusten gehaltene Rute sich nach unten drehen lässt, und zwar in solch einer Stärke, dass man sie kaum zurückzuhalten vermag.

Uri Geller wurde von der mexikanischen Petroleum-Gesellschaft (Petromex) engagiert, ihnen aus einem Helikopter heraus genau jene Stellen anzugeben, wo sich lohnende Erdölquellen befinden. Denn jede Bohrung kostete eine Million Dollar, und man wurde nur nach jeder zehnten Probebohrung fündig, so dass Erdölbohrungen sehr kostspielig waren. Uri streckte im Helikopter seine Handflächen aus und konnte nun genau anzeigen, wo man fündig werden konnte. Und er hat zufällig immer Recht behalten.[14] Aber derlei "Zufälle" mit höchster Trefferquote sind mit psychischer Feinfühligkeit zu erklären.

Anders jedoch verhält es sich mit dem Pendeln. Einige Pendler meinen, dass sie eine bis zu achtzigprozentige Trefferquote mittels des Pendels erzielen und neigen manches Mal dazu, sich von den

Ausschlägen des Pendels abhängig zu machen. Wenn ein Erdgebundener es versteht, das Pendel oder den Biotensor zu bewegen, so kann er, da er vieles herauszufinden vermag, was uns selbst verborgen ist, bei seinen Antwortungen "zufällig" fast immer Recht haben. Aber er kann sich auch irren und dann eine unrichtige Antwort geben. Es ist bei solchen Anwendungen wichtig herauszufinden, wer den Biotensor oder das Pendel in Bewegung setzt.[45] Hat man zum Beispiel irgendeinen Gegenstand oder ein Dokument verlegt und kann es trotz gründlichster Suche nicht finden, könnte man seinen unsichtbaren Helfer fragen, ob er weiß, wo das Vermisste zu finden ist. Bei einem Ja fragt man gezielt weiter. Und so mag er genau den Ort angeben, wo man schließlich fündig wird.

Uri Geller weiß oft schon im Voraus, was passiert. So besuchte er in London einmal ein Spielkasino und gewann beim Roulette über vierzigtausend Pfund. Als er am folgenden Tag eine längere Strecke mit dem Taxi zurückzulegen hatte, hörte er eine innere Stimme, die sagte: "Du hast dein Talent missbraucht." Er wusste, worauf diese Stimme abzielte. Er zog aus seiner Brieftasche jene gewonnenen Pfundnoten hervor und ließ sie aus dem Fenster flattern.[14]

Schamanen und Magier

Ich habe diesen Abschnitt über die indianischen Regenmacher noch einmal begonnen, da er leider aus Versehen (?) in dem Moment unwiederbringlich gelöscht gewesen war, als ich das Wort "Regenmacher" eingetippt hatte. Ich sitze hier auf der indischen Adamaneninsel Havelock, und vor mir kommt bei strömendem Regen unter einem Regenschirm ein Pärchen vorbei. Und er, ein Inder, sagt: "I am a rainmaker." (Ich bin ein Regenmacher.) Dies ist eine direkte Parallele zu C. G. Jungs Synchronizitätserlebnis mit dem Skarabäus. Oder wurde die erste Niederschrift dieses Abschnittes bei dem Begriff "Regenmacher" extra gelöscht, damit ich beim nochmaligen Beginn diesen Mann unter dem Regenschirm hören konnte, der sich Regenmacher nannte? Wer hat ihn dazu angehalten, sich mit dieser Bezeichnung vorzustellen? Habe ich also beim Niederschreiben dieses Buches jemand Unsichtbaren zur Seite, der mir aus Spaß einige Häppchen an Zufällen zukommen lässt?

Also beginne ich nochmals. Bei den Indianern und sicherlich auch bei anderen Stämmen gibt es sogenannte *rainmakers* (Regenmacher), die gerufen werden, um es in besonderen Trockenzeiten mit Hilfe ihrer Geister regnen zu lassen oder aber um im umgekehrten Falle dafür zu sorgen, dass es bei einem großen Fest trotz der vielen dichten Wolken nicht regnet. Hierzu vollführen sie gewisse Rituale, verbunden mit Anrufungen unsichtbarer

Mächte oder Helfer. Und zufällig ziehen auf einmal Wolken auf, und es beginnt alsbald zu regnen. Oder es teilen sich die Wolken, und die Sonne kommt wieder zum Vorschein.

So berichtet die in Afrika weilende Kuki Gallmann,[46] dass sie sich angesichts einer großen Dürreperiode an einen ihr bekannten indianischen Regenmacher erinnerte und ihn telefonisch bat, ihr sehr schnell einen Regenstab zu schicken samt der dazugehörigen Zaubersprüche. Als sie das Erbetene bekommen hatte, wendete sie es nach Vorschrift an. Und wenig später regnete es seit Wochen zum ersten Mal wieder. Auch Chris Griscom, die bekannte spirituelle Lehrerin aus New Mexico, berichtete mir, dass sie durch Bekannte aus Äthiopien von einer entsetzlichen Dürreperiode vernommen hatte. Mit einer ihr bekannten indianischen Regenmacherin flog sie nach Äthiopien. Diese begann nach der Ankunft in jener Region, ihre Geister anzurufen. Es dauerte auch zufällig nicht lange, und nach den ersten Tropfen unter dem Jubel der Bevölkerung goss es in Strömen, so dass die Erde wieder durchnässt und die nächste Ernte gesichert war. Skeptiker würden sicherlich sagen, dass es auch ohne das schamanische Dazutun der Regenmacherin zu nämlicher Zeit geregnet haben würde und ihre Zaubersprüche zufällig mit dem fälligen Regenguss zusammenfielen. Doch es bleibt die Frage offen: Wer bewirkt, dass es nach diesen Ritualen dann auch zufällig regnet?

Wenn Aberglaube sich manifestiert

Es gibt eine ganze Reihe von Dingen und Vorkommnissen, die von Gläubigen als unheilvoll angesehen werden. Im Flugzeug von Mumbai nach Kalkutta fehlte sicherlich nicht zufällig die Reihe 13. Denn für viele ist diese Zahl eine Unglückszahl. So findet man auch oft in Hotels kein Zimmer mit dieser Nummer, da der Hotelier weiß, dass viele Gäste solch ein Zimmer meiden. Dies ist, wie ich meine, ein überlieferter Aberglaube aus dem Mittelalter, der auf Hexenkulte zurückzuführen ist. Ebenso bedeutet es für Abergläubische Unglück, wenn eine schwarze Katze von links nach rechts vor ihnen über die Straße läuft. Erdgebundene Spaßvögel produzieren manches Mal solche zufälligen Begebenheiten, um Menschen zu erschrecken.

In der englischen Grafschaft West Yorkshire ist der Ort Todmorden bekannt für seinen "Lucky Dog". Ein Gerücht ist schon seit langem verbreitet, und es besagt, dass dem, der den Hund streichelt, Glück beschieden sein wird. Und nachdem eine Frau namens Sally den Hund gestreichelt hatte, gewann sie zufällig dreimal hintereinander im Lotto. [47] Nun kann man sich vorstellen, dass es wohl keinen anderen Hund auf der Welt gibt, der mehr gestreichelt wird ...

So wird auch vielen Gegenständen eine Glück oder Schutz bringende Eigenschaft zugesprochen. Mancher trägt in der Tasche einen besonderen Stein oder trägt um den Hals ein schützendes

Amulett - oder es mag auch ein besonderer Ring sein. Oft sind diese Gegenstände einem von jemandem geschenkt worden, oder ein Magier hat sie mit seiner Kraft aufgeladen. Und zufällig, so ist die Erfahrung, passiert genau dann etwas Unerfreuliches, wenn man diese Gegenstände einmal nicht mit sich führt.

In Afrika sind Amulette weit verbreitet. Man trägt sie oft deutlich sichtbar am Hals, um negative Kräfte - seien es Erdgebundene oder Geister irgendwelcher Art - abzuschrecken, indem unmissverständlich vermittelt wird: Mir kannst du nichts antun. Ich bin beschützt. Diese Art Amulett wird von einem Medizinmann oder einem Magier mittels Schutzritualen aufgeladen. Die Angst, ein solches Amulett zu verlieren, ist sehr groß. Man müsste sich sofort ein neues bei einem Medizinmann besorgen. Und oftmals tragen einige Afrikaner mehrere Amulette am Hals, da jedes von ihnen eine besondere Kraft besitzt. So erzählte mir ein Kenianer, dass der damalige Präsident Kenyatta zu seinem Vater, einem berühmten Medizinmann, kam, um ein besonderes Schutzamulett zu erwerben, das ihn vor Kugeln schützen sollte.[5]

Als ich mit dem oben schon erwähnten Medizinmann in Kano einen Spaziergang außerhalb seines Ortes unternahm, wies er mich auf die vielen geschnitzten Markierungen oder angehängten Gegenstände hin, die in einem Baum hingen und die den in jenem Baum lebenden Geist um Schutz baten. Je größer der Baum und je dicker sein Stamm, desto mächtiger ist der Geist. Und oft werden Krale - das sind die Siedlungen in Afrika - um solch einen mächtigen Baum im Kreis herum angelegt, weil man weiß, dass der Geist den Platz beschützt. Handelt es sich hier um bloßen Aberglauben? Oder gibt es zufällig wirklich unsichtbare Naturgeister und mächtige Tiere, die uns beschützen? Um sich ihres Schutzes zu vergewissern, legt man, wie ich es in Nigeria erlebte, vor dem Beginn des Essens eine Handvoll des Gerichts auf den Boden, um die Mächte wissen zu lassen, dass man ihrer dankend gedenkt.[5]

Viele Pilger wallfahren zu besonderen Kirchen, da sich dort eine Mariengestalt als Statue oder Bild befindet, vor der sich Gläubige kniend verneigen und um Heilung bitten. Es gibt in Europa einige solcher Wallfahrtsorte. Am berühmtesten sind jene im französischen Lourdes und im portugiesischen Fatima. Und tatsächlich haben von den jährlich Hunderttausenden, die die Madonna dort um Heilung anflehen, viele sogar beachtenswerte Heilungen erfahren. So etwas spricht sich schnell herum. Und die katholische Kirche überprüft vor allem spontanes Heilungsgeschehen und verkündet es auch wirkungsvoll ihren Gläubigen. Jeder rationale Mensch wird abstreiten, dass sich allein durch Gebete an diesen heiligen Stätten zufällige Heilungen ergeben. Natürlich hätte von den hunderttausend Pilgern sowieso - sagen wir - jeder Hundertste nachträglich irgendwann eine Heilung erfahren. Diese Pilgerstätten sind der Meinung von Intellektuellen nach ganz normale Orte, und jene dort angeblich stattgefundenen Heilungen sind Zufallserscheinungen; statistisch belegbar. Diese Menschen wollen nicht wahrhaben, dass dort auf einmal Rollstuhlfahrer ihr Gefährt verlassen und wieder herumgehen können oder dass Blinde auf einmal wieder sehen können und dass von Krebs Befallene in kürzester Zeit von dieser Krankheit erlöst sind. Wie aber sind diese Heilungen und besonders die Spontanheilungen zu erklären? Doch sicherlich nicht mit Zufällen. Wie ich meine, stand eine Heilung schon in ihrem Lebensplan fest, und zwar auch mittels einer eventuellen Pilgerfahrt. Somit beruhen derlei Heilungen nicht auf Zufällen, sondern sind im Lebensplan festgeschrieben. Spontanheilungen fördern darüber hinaus im Besonderen Demut und Dankbarkeit. Diese beiden Eigenschaften sind wichtige Meilensteine auf dem Weg zur kompletten Liebewerdung, dem Ziel des Lebens.

Wenn die Politik von Zufällen bestimmt wird

In der Politik wimmelt es von Zufällen. Friedrich der Große hatte sich in dem Siebenjährigen Krieg (1756-1763) vor den immer stärker werdenden Feinden zu behaupten, die von nahezu allen Seiten seine zuerst siegreichen Heere bekämpften, so dass er vor einer Niederlage zu stehen schien. Da plötzlich kam in Russland ein neuer Zar an die Macht. Dieser war ein Bewunderer des Preußenkönigs und zog seine Armeen zurück. Dies nahmen die anderen gegen Preußen kämpfenden Mächte, Frankreich und Österreich, als Zeichen, ebenfalls den Krieg zu beenden, so dass in Hubertusburg ein für Friedrich den Großen noch vorteilhafter Frieden vereinbart wurde, indem ihm das katholische Schlesien zugesprochen wurde. Dass zufällig jener Zar auf Russlands Thron noch zur rechten Zeit kam, war natürlich von höherer Stelle so geplant, jedoch aus irdischer Perspektive hatte Friedrich zufällig größtes Glück gehabt. Denn hätte er den lange währenden Krieg letztlich verloren, wäre er auch "zufällig" nicht als der "Große" in die deutsche Geschichte eingegangen. Und Friedrich gesteht: "Je älter man wird, desto mehr überzeugt man sich davon, dass seine Majestät der Zufall drei Viertel aller Geschäfte dieses armseligen Universums besorgt." Mit anderen Worten würde das auch heißen, dass drei Viertel aller Ereignisse von Eingriffen "von oben" bestimmt werden, wobei König Zufall eine entscheidende Rolle spielt.

Und die Geschichte wimmelt nur so von Zufällen. Hätte Alexander der Große die Schlachten bei Issus oder Gaugamela verloren ... Hätte, hätte, hätte. Aber es kam eben anders. Und was kam, war immer genau das Richtige, denn die Schicksale nicht nur jedes Einzelnen, sondern auch die der Völker und Länder werden von höherer Hand geplant und unterliegen keinem Zufallsgeschehen.

Können Außerirdische sich einmischen?

Auf der Suche nach Hintergründen für uns überraschende Zufälle dürfen wir die Wahrscheinlichkeit der Einmischung Außerirdischer oder Wesen von anderen Parallelwelten nicht ausschließen.

Ich traf auf Hinweis von Michael Hesemann 1992 in Sedona/Arizona Virgil Armstrong, der als Offizier nach dem Absturz eines außerirdischen Flugobjekts in Roswell/Arizona im Juli 1947 die beiden toten Außerirdischen zu bergen hatte. Sie wurden in aller Heimlichkeit in seinem Dabeisein mit einem besonderen Wagen nach Daton/Ohio gebracht, wo die beiden Leichname in einem unterirdischen Raum aufgebahrt und balsamiert wurden; Chirurgen nahmen später auch Obduktionen vor. Es gab im Fernsehen einen geheimen Dokumentarfilm darüber.

Es gibt viele Menschen, die unidentifizierte Flugobjekte (UFO = Unidentified Flying Objects) zufällig gesichtet haben. Mehrere Flugpiloten haben dazu überzeugende Aussagen gemacht. Fotos wurden veröffentlicht. Zufällig las ich in einem amerikanischen Buch über Billy Meier aus der Schweiz, der nicht nur mit Ufos geflogen war, sondern auch Aufnahmen von ihnen mit seiner Kamera vorlegen konnte. Eines dieser Bilder zeigt ein Ufo, das von einem Schweizer Düsenjäger verfolgt wurde. Natürlich wurde dieses Bild als zurechtgeschnittene Fotomontage abgetan. Doch in Amerika ließ Billy das Negativ von Experten auf seine Richtigkeit mittels Laserstrahlen untersuchen. Jedes metallene Objekt strahlt Vibrationen aus, die man lasertechnisch nachweisen kann. Jetzt zeigte es sich, dass nicht ein Schnitt, wie behauptet, auf diesem Foto vorhanden war, sondern dass die Metallausstrahlungen beider Flugobjekte ineinander übergingen. Es handelte sich nicht, wie allgemein angenommen, um eine Fälschung.

Ich bin ein ungläubiger Thomas. Entweder ich weiß etwas nicht oder ich überzeuge mich von etwas, bis ich es wirklich weiß. Also machte ich mich auf und besuchte Billy Meyer in seinem abgelegenen Haus nördlich des Züricher Sees. Und nun vernahm ich seine unglaublichen Abenteuer, die er in den Flugobjekten mit Außerirdischen erlebt hatte. Sie beamen (teleportieren) ihn in die Ufos hinein, oder sie beamen sich in sein Zimmer und sitzen vor ihm, um sich mit ihm zu unterhalten. Diese Außerirdischen haben ihn ausgesucht, um ein Buch über sie zu schreiben, das sich an die Menschen wendet, um ihnen höheres Wissen zu vermitteln. Über sein abenteuerliches Leben habe ich dann ein Buch veröffentlicht,[49] während er die Botschaften der Akturianer selbst veröffentlichte.[50]

Es bleibt die Frage offen: Können Außerirdische auch Zufall spielen, das heißt, uns mit erstaunlichen Begebenheiten oder Erscheinungen verblüffen? Ich habe den Bericht eines amerikanischen Ehepaares gelesen, das in seinem Auto von Kanada nach Süden fuhr. Es mochte in Ohio gewesen sein, als sie neben der Autobahn ein UFO sahen. Sie hielten an, um es zu fotografieren. Doch dann befanden sie sich nach einer halben Stunde etwa zwanzig Kilometer weiter südlich auf der Autobahn und wussten nicht, was in der Zwischenzeit mit ihnen und ihrem Auto passiert war. Können Außerirdische Zufälle bewirken wie bei diesem Ehepaar, das erst zwanzig Kilometer weiter zu vollem Bewusstsein kam, ohne sich an die zurückgelegte Strecke zu erinnern?

Ich wollte unbedingt selbst einmal ein UFO sehen. In der südafrikanischen Stadt Johannesburg lernte ich Dennis Newman kennen. Er wusste von einer Frau, die oftmals nachts zu einer bestimmten Stelle in die benachbarten Hügel fuhr, wo hin und wieder solche Flugobjekte zu sehen waren. Mit ihrem Jeep dort angekommen, warteten wir wohl zwei Stunden vergeblich, obwohl sie die Außerirdischen eindringlich bat, sich mir doch zu zeigen. Aber zufällig hatten diese in jener Nacht anscheinend etwas anderes vor.

In Durban/Südafrika wohnte ich mit meiner Freundin Fern bei einem Medium. Diese erzählte uns, dass sie einen jungen Mann namens Edwin kenne, der mit einem Außerirdischen befreundet sei. In meinem Buch *Reise ins spirituelle Afrika*[6] habe ich über all diese Zufälle in diesem Land berichtet. Da das Folgende so interessant war, möchte ich einige Abschnitte aus diesem Buch wiedergeben:

Der damals siebzehnjährige Edwin arbeitete als Elektrolehrling in einer Werkstatt. Er hatte sich mit einem Kollegen namens George angefreundet, der etwa doppelt so alt war. Dieser war ein sehr bescheidener und sehr gelehrter Mann, vor allem auf dem Gebiet der Religiosität. Er nahm den Jüngeren oft mit zu Gottesdiensten der verschiedensten Kongregationen. Und da George in einem einfachen Hotel wohnte und über zwei Kilometer zu der Werkstätte zu laufen hatte, holte ihn Edwin jeden Tag mit seinem Motorrad ab und brache ihn nach der Arbeit wieder zurück. Nachdem sie schon über ein Jahr in Freundschaft verbunden waren, gingen sie eines Abends am Strand spazieren. George fragte seinen jungen Freund, indem er auf den Sternenhimmel zeigte, ob er sich vorstellen könne, dass sich auf anderen Gestirnen Lebewesen, ja sogar Menschen befinden könnten. Edwin, wie er sagte, habe schon über Ufos und Außerirdische flüchtig gelesen, könne aber nicht an das Vorhandensein von anderen Menschen im Weltraum glauben, vor allem auch nicht daran, dass solche von Sternen, die Lichtjahre weit von der Erde entfernt seien, kommen. Sein Freund fragte ihn, ob er einen Beweis dafür haben wolle, dass Außerirdische die Erde besuchen. Sicher! Daraufhin öffnete George seine Umhängetasche und entnahm dieser ein rechteckiges Gerät von etwa zwanzig Zentimetern Länge und zehn Zentimetern Breite. Dieses schaltete er ein und begann, sich mit jemandem in einer für Edwin unverständlichen Sprache zu unterhalten. Dann deutete er auf einen Stern, dessen Licht wie ein Funksignal beständig blinkte, und sagte: "Kannst du jenes Licht erkennen? Dies sind meine Freunde von einem weit entfernten Planeten außerhalb des Sonnensystems. Ich werde sie jetzt bitten, mit ihrer Flugscheibe ein Quadrat zu fliegen." Und er sprach wieder in ein Mikrofon, das in sein Gerät eingebaut war. Tatsächlich bewegte sich dieser "Stern" in einem Viereck. Und nun offenbarte George seinem jungen Freund, dass er selbst von einem Stern komme, den er als Kaldas bezeichnete. Er sei auf diese Erde abgesetzt worden, um christliche Religionen zu studieren. In den folgenden Tagen berichtete er dem Jüngeren, was immer dieser über seinen Heimatplaneten wissen wollte. Er zeigte Edwin auch sein Kommunikationsgerät und erklärte ihm, wie er den Kontakt zu seinen außerirdischen Freunden in jenem Raumfahrzeug herstellen konnte.

Eines Tages sagte dieser Mann von einem anderen Gestirn: "Heute ist mein letzter Tag auf der Erde. Ich werde heute Nacht abgeholt. Meine Studien sind abgeschlossen." Und Edwin begleitete seinen Freund bei Dunkelheit zu einem einsam gelegenen Strand. Tatsächlich stand dort ein Raumschiff von etwa zwanzig Metern Breite. Edwin übergab ihm sein Funkgerät und sagte, dass er damit weiterhin Kontakt zu den Besatzungsmitgliedern dieses sich immer in Erdnähe aufhaltenden "Ufos" aufnehmen könne, so dass sie miteinander in Kontakt bleiben könnten. Dann umarmten sie sich. George ging dann auf das Raumgefährt zu und stieg von unten in dieses hinein, wonach es sich mit großer Geschwindigkeit in den Sternenhimmel erhob.

(...) Ich fragte Dell, ob sie uns zu Carl van Vlierden bringen könne. Nach einem Telefonanruf war er bereit, uns am folgenden Tag zu empfangen. In ihm fanden wir einen etwa fünfundsechzigjährigen Mann mit grauen Haaren und einem ebenfalls grauen Ziegenbärtchen. Er war Apotheker und ein langjähriger Freund von Edwin, der in ihm einen Vater sah. Von ihm erfuhren wir nun viele Einzelheiten über die zwölf bevölkerten Planeten in unserer Milchstraße, die eine Konföderation bilden. Deren Menschen sind uns äußerlich sehr ähnlich, haben aber einen gewaltigen Vorsprung hinsichtlich Technik und Ethik. Wir Erdenbewohner befänden uns noch in einer Art Entwicklungspubertät. Diese Konföderation der zwölf Gestirne sei daran interessiert, uns als dreizehntes Mitglied zu integrieren, doch hätten wir erst das Erwachsenenalter zu erreichen, was voraussetze, dass wir alle egoistischen und andere Menschen unterdrückenden Gedanken überwinden und zu einer weltumspannenden Brüderlichkeit finden müssten. Die Außerirdischen reisten mit ihren Raumfahrzeugen auf den äußeren Linien der Magnetfelder der jeweiligen Solarsysteme. Im Augenblick hätten sich zwei Magnetfelder um die Sonne verschoben, weshalb jene, welche die Erde beobachteten, für einige Jahre unser Sonnensystem nicht verlassen könnten. Edwin stehe mit diesen Raumschiffkommandanten in Verbindung. Und auf meine Frage, ob diese Gespräche auch auf Tonkassetten festgehalten werden, holte Carl ein solches Gerät herbei. Wir lauschten nun diesen Dialogen, die auf Englisch stattfanden.

War es nicht Zufall, dass ich auf meiner Sucher nach Antworten über Außerirdische zu Dell und dann auch zu Carl geführt wurde? Aber es sollte noch viel spannender werden. Denn ich erfuhr sehr Interessantes über Elisabeth Klarer, die Präsidentin der südafrikanischen UFO-Gesellschaft. Sie war die erste Frau, die in der südafrikanischen Republik als Militärpilotin Düsenjäger fliegen durfte. Sie hielt sich, wie er mir sagte, vier Monate lang auf einem anderen Planeten auf. Na klar, diese Frau musste ich unbedingt selbst kennenlernen. Aber sie war telefonisch nicht zu erreichen. Wahrscheinlich, wie er meinte, hielt sie sich wie so oft in England auf, um neue Flugzeuge zu testen. Als ich mich am Vortag meines Abfluges aus Johannesburg bei Dennis und Carol verabschiedete, riet er mir, dass ich versuchen solle, Elisabeth Klarer aufzusuchen, da er gerade zufällig erfahren habe, dass sie soeben von einer Reise zurückgekehrt sei. Ich rief sie sogleich an und sagte, dass ich am folgenden Tag Südafrika verlassen würde und sie um ein Gespräch bitten wolle. Somit fand ich mich am Nachmittag bei ihr ein. Welch ein Zufall, dass sie gerade vor meinem Verlassen Südafrikas zurückgekehrt war und ich sie aufsuchen konnte. Elisabeth Kübler-Ross würde wieder die zwei Finger heben und sagen: "Thank you, guys!" Bei Frau Klarer angekommen, lud sie mich zu Tee und Gebäck ein. Und dann berichtete sie mir, was sie erlebt hatte. An dieser Stelle zitiere ich wieder aus meinem oben erwähnten Buch:

Diese etwa Fünfzigjährige wohnte mit ihrem Mann in einem Vorort von Johannesburg. Im Herbst 1975 hatte sie in Deutschland den internationalen Ufo-Kongress in Wiesbaden besucht, auf welchem sie über ihre Erlebnisse mit Außerirdischen gesprochen hatte. Noch in diesem Herbst werde, so erklärte sie mir, in Deutschland als Welterstveröffentlichung ihr Buch "Jenseits der Lichtmauer" ("Beyond the Light Barrier") erscheinen.

Schon als kleines Mädchen sah sie mit ihrer Schwester nahe den Drakensbergen in Natal ihr erstes Ufo, das auch von einigen Afrikanern wahrgenommen wurde, die die "Himmelsgötter" schon öfter gesehen hatten. Und immer, wenn sie wieder die silbernen Raumschiffe sah, fühlte sie sich zu jenen Außerirdischen hingezogen. Mit ihrem Mann zusammen, der ihr das Fliegen beibrachte, beobachteten sie während eines Fluges wiederum ein Ufo, über das er einen Bericht für die südafrikanische Luftwaffe verfasste. Beide fanden wenig später eine Anstellung bei einem Flugzeugerprobungszentrum in England. Hier wurde Elisabeth Mitte der fünfziger Jahre zur Pilotin ausgebildet. Mehrere Kollegen hatten Ufos gesichtet. Es war der englischen Regierung höchst wichtig, alles über die Besuche von Außerirdischen zu erfahren. Und da die junge Pilotin vor allem in ihrer Heimat jene silbernen Scheiben gesichtet hatte, gab man ihr den Auftrag, nach Südafrika zurückzukehren, um dort zu versuchen, mit Außerirdischen Kontakt aufzunehmen. Und dort geschah es, dass sie im Schlaf ein außerkörperliches Erlebnis hatte, bei welchem sie sich in einem Raumschiff befand, wo sie sich einem Mann gegenübersah, der sich Akon nannte und zu dem sie augenblicklich eine nie gekannte Liebe fühlte. Er versicherte ihr im besten Englisch, dass er sie schon von klein auf beobachte und sie seine Frau sei, der er sich auch bald auf Erden zeigen wolle. Und dann sah sie eines Tages sein gelandetes Raumschiff auf der Ebene eines Berges. Neben diesem stand Akon, dessen geöffnete Arme sie umfingen. Er trug sie in sein etwa zwanzig Meter messendes rundes Raumschiff und gestand ihr immer wieder seine seit langem gehegte Liebe. Er bereitete sie darauf vor, dass er mit ihr einen Sohn zeugen wolle, was auf einem der nächsten Flüge im Raumschiff auch geschah. Elisabeth wollte diese Besuche geheim halten, doch es sprach sich herum, dass sich auf einer bestimmten Fläche, wenn sie dort erschien, ein Ufo zeigte. Somit wurde sie beständig von Militärs überwacht. Akon hatte ihr erzählt, dass er von einem Planeten namens Theton stamme, der sich im Sternbild Alpha Centauri befinde. Als nun seine irdische Geliebte von ihm schwanger war, nahm er sie in seinem silbrig schimmernden Metallgefährt mit auf seinen großen Heimatplaneten, wo sie einen Sohn entband, dem sie den Namen Ayling gab. Die dortigen Bewohner kennen keine Kriege, wie auch keine Armut oder Krankheit. Sie stehen mit Bewohnern anderer Planeten in freundschaftlichem Kontakt, doch gibt es auch ungute Außerirdische, vor denen man sich jedoch zu schützen weiß. Das Zeitgefüge ist dort ein anderes als auf der Erde. Die junge Mutter glaubte, sich zwei Jahre dort aufgehalten zu haben, doch als Akon sie zur Erde zurückbrachte, waren nur vier Monate der irdischen Zeit vergangen. Mit Akon habe sie seitdem immer wieder Kontakt gehabt wie auch mit ihrem heranwachsenden Sohn, der nun bereits neunzehn Jahre alt sei. Nach ihrem Ableben auf Erden werde sie in einem verjüngten Körper nach Theton zurückkehren, um dort weiterhin mit dem Geliebten und ihrem Sohn vereint zu sein. In der Zwischenzeit habe sie ihren irdischen Auftrag zu erfüllen, die Menschen auf die Gefahren hinzuweisen, die durch ihr materielles Denken, ihre Hochrüstung und Umweltverschmutzung drohen.

Der Skeptiker in mir zweifelte diese zu phantastisch erscheinenden Aussagen an. Doch die sehr glaubwürdig Wirkende behauptete auf meine Einwände hin, dass sie die reine Wahrheit spreche. Damals nach ihrem plötzlichen Verschwinden habe ihr Mann eine polizeiliche Suchaktion durchführen lassen. Bei meinem Abschied versicherte ich, mir ihr Buch bei meiner Rückkehr nach Deutschland besorgen zu wollen.

Wer arrangierte eigentlich diese vielen Zufallsereignisse für mich, damit ich über das Wirken der Außerirdischen erfahren sollte?

Auch Uri Geller in England berichtete mir über seine Erlebnisse mit UFOs. Und als Jugendlicher hatte ich einen UFO-Traum. Ich war noch in der Pubertät und hatte damals noch keinen Science-Fiction-Roman gelesen, auch war ich an dieser Thematik überhaupt nicht interessiert. Doch ich befand mich im Traum in einem UFO. Dieses flog zu einer interstellaren Raumstation, die mitten im Weltraum schwebte. Als wir dort gelandet waren, zeigte man mir die Pracht dieser riesigen Anlage, die aus mehreren Gebäuden und aus einem großen Garten mit grünen Bäumen und Blumen bestand. War das ein Zufallstraum? Oder wurde ich zu jener Raumstation aus irgendeinem mir unbekannten Grund geführt?

Seit wohl über zwanzig Jahren erscheinen im südwestlichen England große Kreise im Korn, also nicht sehr weit von der keltischen Kultstätte Stonehenge entfernt. Diese großen Kreise stellen in das Korn gepresste Muster da, über die sich die Interessierten den Kopf zerbrechen, was sie wohl zu bedeuten haben. Das Besondere an diesen Kornkreisen ist, dass das Korn nur gelegt oder manchmal sogar auch geflochten ist, ohne geknickt zu sein. Und alles ist auf den Millimeter genau umgelegt. Dieses Phänomen können Menschen mit der Hand nicht nachmachen. Diese Wunderzirkel haben oft eine Länge von über Hundert Metern. Erst in der Luft konnte ich aus der Propellermaschine heraus erkennen, dass sie oft dreidimensional angelegt waren. Und das Interessanteste ist, dass sie in weniger als ein, zwei Minuten hergestellt sind. Ein Team von Naturwissenschaftlern aus Florida stellte sich bei Dämmerung in Südengland um ein Feld herum auf, ausgerüstet mit Nachtsichtgeräten und Geräuschsensoren. Sie konnten kaum ein Geräusch vernehmen, da es auch noch regnete. Doch am Morgen entdeckten sie in dem Kornfeld zu ihrer Überraschung einen großen Kornkreis.

Im Sommer 2014 zeigte sich ein großer Kornkreis in der Nähe des Starnberger Sees, und zwar zufällig neben Raumteleskopen. Warum das? Jay Goldner hat ein Buch herausgebracht, in welchem er schildert, dass man Raumsignale in den Weltraum schickte und auf Antwort wartete. Und, wie er in seinem Buch schildert, haben die Außerirdischen geantwortet.[52]

Wer kreiert eigentlich diese überdimensionalen Phänomene? Ufologen sind sich darüber einig, dass es Außerirdische sein müssen. Aber können es nicht auch zufällig Menschen wie wir sein, die auf einer anderen Vibrationsebene leben und natürlich schon viel weiter entwickelt sind als wir? Warum zeigen sich die Außerirdischen oder Wesen von anderen Vibrationsebenen nicht ganz offen den Menschen auf Erden? Warum nur versteckt, so dass mache sie nur zufällig entdecken? Ist es deswegen, weil, wie Billy Meyer mitgeteilt bekam, die Menschheit noch nicht reif genug ist, mit Außerirdischen zusammenkommen zu dürfen? Und warum wird dieses Kornkreisphänomen in der allgemeinen Presse und vor allem von Wissenschaftlern zufällig ignoriert? Ihr ganzes Weltbild würde ja dann auf den Kopf gestellt werden. Und das will man doch zufällig ganz und gar nicht.

Kommen wir noch kurz auf mögliche Zufallseinflüsse von Wesen aus Parallelwelten zu sprechen. Wir wissen, dass alles, was wir mit den fünf Sinnen wahrnehmen können oder was mit technischen Geräten aufgezeigt werden kann, auf Schwingungen beruht. Wir befinden uns in einer Schwingungsfrequenz von 450-700 Milliarden Einheiten pro Sekunde. (Diese Frequenzbestimmung habe ich aus dem Buch von Arthur Findlay *The Rock of Truth* entnommen. Neuere Messungen mögen etwas davon abweichen.) Darüber oder darunter befinden sich noch andere Welten mit unterschiedlicher Schwingung, die wir jedoch (noch) nicht wahrzunehmen vermögen. Kirby Surprise ist sogar davon überzeugt, dass Zufälle wohl mit Parallelwelten zusammenhängen können.[59]

Was die Sternzeichen mit Zufällen zu tun haben

Astrologen sind davon überzeugt, dass nicht nur das Geburtsdatum, sondern auch die genaue Geburtsminute, woraus sich der sogenannte Aszendent ergibt, von großer Bedeutung ist. Skeptiker halten alle Horoskope für Unsinn. Doch der in England lebende Wissenschaftler Professor Eysenck hat sich die Mühe gemacht, aus verschiedenen Ländern Hunderte Geburtshoroskope zu untersuchen, indem er die Geburtsdaten mit den derzeitigen Berufen und Charaktereigenschaften der betreffenden Personen verglich. Und tatsächlich stellte er fest, dass die maskulinen Sternzeichen, also Widder, Zwillinge, Löwe, Waage, Schütze, Wassermann, eher extrovertierte Menschen sind, die weiblichen Sternzeichen, also Stier, Krebs, Jungfrau, Skorpion, Steinbock und Fische, verhalten sich eher introvertiert. [71]

Da ich nun kein Experte für Astrologie bin, wandte ich mich an Andrea Buchholz, jene aus Fernsehen und Veröffentlichungen bekannte Astrologin. Ich fragte sie, was sie zu der Verbindung von Zufall und Sterndeutung zu sagen hat. Sie schrieb mir: *Zufälle gibt es für mich in der Astrologie nicht!!! Astrologie ist die älteste Wissenschaft der Welt, und man kann alles vorausberechnen. Dein Geburtshoroskop ist die Blaupause deines Lebens. Und was die Prognosen betrifft, so sind diese nicht zufällig, sondern berechenbar. Darf ich dich an deinen Unfallaspekt erinnern ... Ich rief Sinaida an und sagte ihr: "Tom darf nicht Auto fahren, er hat einen Unfallaspekt!" Doch was machst du? Steigst auf eine Leiter und fällst herunter. Inzwischen warne ich dich nicht nur vorm Autofahren, sondern auch vor Leitern! Mit was man den Unfall hat, kann man nicht sagen - denk nur an Rainer, er ist mit seiner schlimmen Konstellation vom Berg gestürzt. Und ich wusste um seine Unfallgefahr, hatte aber nicht den Tod mit einkalkuliert. Tom, ich mache jetzt seit 25 Jahren Astrologie, und es fasziniert mich täglich mehr, wie a l l e s bereits vorgeschrieben ist und wie du dein Schicksal nicht selbst in der Hand hast. Es gibt k e i n e n freien Willen und es gibt keinen Zufall!!!"* Dieser Meinung würden sich sicherlich viele Astrologen anschließen. Viele Menschen suchen Astrologen, Kartenleger, Handleser, Traumdeuter, Medien und dergleichen auf, da sie davon überzeugt sind, dass das, was ihnen im Leben an Schicksalen und Unerklärlichem zufällt, keine bedeutungslosen Zufälle sind, weshalb sie dafür Antworten und Erklärungen finden wollen.

Wenn die Unsichtbaren Zufallsspielchen veranstalten

Ich wiederhole hier nochmals, was ich oben schon geschrieben habe und was mir beim Aufwachen diktiert worden ist: "Wir schaffen uns selbst Zufälle. Wir gehen in unsere früheren Leben und zukünftigen Leben hinein und spielen Zufall. Oder wenn wir gestorben sind, gehen wir in die Leben anderer und probieren, etwas zu verstecken, um es dann auf gewisse Weise wiederfinden zu lassen. Wir wollen das ausführen, was wir im Jenseits gelernt haben. Wir sind Lausbuden und Späßemacher, können de- und rematerialisieren, Versteck spielen." Was ist darunter zu verstehen? Dies setzt voraus, dass es in Wirklichkeit keine Zeit gibt. Wir können also die für uns vorgesehenen Planungen der früheren und zukünftigen Leben einsehen und dann auch in diese Planungen eingreifen. Dann wäre sozusagen ein Menschenleben das Abrollen einer schon vorskizzierten Matrize, in die wir bestimmte wichtige Begebenheiten wie auch Zufälle selbst "hineingeheimnisst" haben. Was vielleicht schwarzweiß skizziert war, läuft nun in einem Erdenleben in Farbe ab. Und wenn es keine Zeit gibt, dann bestehen auch schon die zukünftigen Leben. Deshalb ist es auch ebenso möglich, in seine zukünftigen Leben zu gehen, denn diese sind auch schon vorhanden. Aus einer "Non-Zeit" heraus können wir in das Spiel der Erdenzeiten eingreifen. Wozu das alles? Das werde ich im nächsten Kapitel zu erklären versuchen.

Nun noch ein paar Worte zu den Späßemachern. Im Jenseits lernen wir, mit Gedankenkraft Dinge zu manifestieren oder zu demanifestieren. Wir können uns dort vorstellen, eine Blume zu kreieren. Je geübter wir darin sind, desto schöner wird diese Blume aussehen. Wir können uns sogar in eine schöne Frauen- oder Männergestalt verwandeln. Oft nehmen wir nach einer Weile, wenn wir uns an die jenseitige Vibrationsebene gewöhnt haben, eine Gestalt an, in der wir in einem früheren Leben bewundert wurden oder in der wir uns sehr wohlfühlen. Wir lernen im Jenseits auch, uns mit Gedankenkraft in jede beliebige Gegend zu versetzen, ob im Jenseits oder auf der Erde, wenn dort auch unsichtbar. Und wir können uns mit unserer Vorstellungskraft etwas wünschen, zum Beispiel einen Apfel in der Hand zu halten und ihn genüsslich zu verzehren. Und was wir dort in dieser höher schwingenden Welt gelernt haben, versuchen wir, bei unseren unsichtbaren Besuchen auf der Erde auszuprobieren, indem wir dort etwas dematerialisieren und es am selben oder an einem anderen Ort wieder materialisieren, wobei wir auch mit der Zeit zu spielen gelernt haben. Aber alles hängt von der Energie der Vorstellungskraft ab. Die Vorstellungskraft ist die Spieltruhe für Witzbolde.

Dr. Moolenburgh glaubt auch, dass es möglich ist, dass Wesen aus einer anderen Dimension mit uns spielen und uns verblüffen wollen. Wir haben, wie ich meine, noch längst nicht alle Möglichkeiten bei Zufällen aufdecken können.

Die eigentliche Bedeutung von Zufällen

Zufälle sind nicht zufällig Zufälle. Was sind sie denn? Es gibt, wie beschrieben, kleine und große Zufälle. Dazu ein Zitat von dem holländischen Arzt Hans C. Moolenburgh: "Kleine Zufälle sind wie ein Lächeln aus dem Himmel, Bestätigungen der Tatsache, dass wir in ein atemberaubendes Muster verwoben sind. Doch große Zufälle müssen, ebenso wie bedeutende Träume, exakt übersetzt werden."[54] Abgesehen von den kleinen, bedeutungslosen Zufällen, haben Zufälle Hinweischarakter. Aber meistens sehen wir über solche Hinweise hinweg, bis sie sich massiv bemerkbar machen. Sie sollen uns zum Nachdenken anregen, wieso sie uns erscheinen. Sie wollen uns wissen lassen, dass unser gegenwärtiges Leben nicht die einzige Realität ist, sondern dass es mehr gibt als das, was wir wahrnehmen und zu sein glauben.

Wenn Erdgebundene herausgefunden haben, wie man Zufälle entstehen lassen kann, dann wollen sie auf sich aufmerksam machen. So sie guter und helfender Natur sind, kann man sie walten lassen. Im anderen Fall sucht man am besten einen Clearingtherapeuten auf, um diese Wesenheit ins Licht zu führen. Silvia Brown[53] ist beispielsweise ein amerikanisches Medium, das man bei solchen Poltergeistaktionen zu sich bittet. Sie sieht und beschreibt die Wesen auch und kann mit diesen Erdgebundenen in

Kontakt treten. Sie kann sie bitten, sich ins Licht führen zu lassen. Und nach solch einer Hausreinigung gibt es die oft Angst bereitenden Störaktionen nicht mehr.

Jene, die an einen sie begleitenden Engel, Geistführer, Verstorbenen oder an eine andere besonders positive unsichtbare Wesenheit glauben, können dann auch Bitten aussprechen, wie zum Beispiel: Bitte besorge mir vor meinem Haus einen Parkplatz, oder bitte, gib mir gute Gedanken beim Schreiben eines Briefes oder eines Buches ein, oder bitte hilf mir, meinen verlegten Ausweis wiederzufinden. Wenn sich erst einmal solch eine hilfreiche Kommunikation durch Intuition oder durch praktische Hilfe ergeben hat, weiß man, dass man nicht allein ist, sondern von lieben Unsichtbaren begleitet wird. Aber diese Helfer dürfen nicht in unsere karmische Planung eingreifen, sie dürfen, wenn sie von höherer Art sind, auch nichts gegen unseren freien Willen unternehmen. Doch wenn wir sie darum bitten, dann dürfen sie meistens auch helfen. Doch manches Mal ist es ihnen von höherer Seite auch erlaubt, uns mit Zufällen zu überraschen. Warum diese Erlaubnis? Wie schon darauf hingewiesen, gilt es, uns durch solcherlei Zufälle stutzig werden zu lassen, um nach den Gründen dieser Zufälle zu suchen. Auch ist es kein Zufall, wie schon angedeutet, dass Sie, verehrte Leserin und Leser, gerade dieses Ihnen nun vorliegende Buch in den Händen halten. Entweder sind Sie zufällig in der Buchhandlung darauf gestoßen, oder im Internet wurden Sie auf jenes zufällig aufmerksam. Oder aber, was sehr häufig ist, jemand anderes hat Ihnen gerade dieses Buch zufällig empfohlen, wie auch Sie sicherlich dieses Buch wieder jemandem empfehlen werden, der zufällig auch nach den verborgenen Geheimnissen unseres Daseins sucht. Zufälle sind eine Brücke zum Unbewussten, zum Höheren.

An dieser Stelle möchte ich einige Sätze des begnadeten Mediums James Van Praagh einfügen. "Da die Naturgesetze in puncto

Raum und Zeit jenseits der irdischen Dimensionen keine Gültigkeit besitzen, gehen Dinge, die wir als Zufall bezeichnen, in Wirklichkeit häufig auf Einflüsse der geistigen Welt zurück. Was Zufälle angeht, sollten wir überhaupt etwas genauer hinschauen, denn so etwas wie Pech oder Glück gibt es im Grunde gar nicht. Viele mögen das Universum vielleicht für chaotisch halten, dabei ist es ein perfekt ausgeklügeltes System, in dem die geistigen Gesetze herrschen. Wenn das nächste Mal scheinbar etwas zufällig geschieht, sollten Sie sich also intensiver damit beschäftigen und versuchen herauszufinden, was es wohl zu bedeuten hat. Hinter jeder Zufallsbegegnung, die sich unvermutet auftut, steckt etwas. Und in aller Regel schickt uns da irgendein Geist irgendeine Botschaft."[67]

Und viele Zufälle, wie beschrieben, sind schon in unsere Lebensplanung eingefügt worden. Sei es, dass wir diese selbst vornahmen oder dass sie von Kundigen aus höherem Dafürhalten vorgenommen wurden. Und wie oben beschrieben, sind geschichtsträchtige Zufälle natürlich von höherer oder sogar von höchster Hand geplant. Denn nicht nur persönliche Schicksale, sondern vor allem auch Gruppen- und Völkerschicksale sind aus höherer Erwägung wohlbedacht für uns vorgesehen. So unterlagen alle Kriege höherer Planung samt allem, was im Großen oder Kleinen an Schicksalen dabei stattgefunden hatte. In solchen Zeiten der "Heimsuchung" wird karmisches Ausgleichsgeschehen möglich gemacht. Denn nichts geschieht, was immer es auch sein mag, zufällig.

Es ist interessant, dass es jetzt viele Bücher über Zufälle gibt, da das Interesse daran sich weiter ausbreitet. Im 19. Jahrhundert war dieses Interesse noch sehr gering. Jedoch der Philosoph Arthur Schopenhauer war der Auffassung, dass Zufälle auf einer Spiegelung der wunderbaren, vorher eingerichteten Harmonie des Universums mit der Umgebung beruhen. Zufälle stellten für ihn eine subjektive Verbindung mit der Umgebung dar. Sie seien deshalb von Bedeutung, weil sie für Individuen maßgeschneidert und nur für sie relevant sind.

In höherer Region wurde nach dem Ersten Weltkrieg befunden, eine Bewusstseinssteigerung in der Welt zu bewirken. Dazu wurde der in diesem Buch schon oft erwähnte Psychologe C. G. Jung ausgewählt. Folgendes passierte: Eine Patientin erzählte ihm ihren Traum, in welchem sie einen Skarabäus als Geschenk erhielt. Plötzlich hörte er etwas – "wie wenn etwas leise an das Fenster klopfte. Ich drehte mich um und sah, dass ein fliegendes Insekt von außen gegen das Fester stieß."[55] Es war, wie er feststellen konnte, ein Blatthornkäfer aus der Gattung, der auch der ägyptische Skarabäus angehört. Jung interpretierte dieses Ereignis mit dem von ihm geprägten Terminus "Synchronizität". Dabei handelt es sich um die "zeitliche Koinzidenz zweier oder mehrerer nicht kausal aufeinander bezogener Ereignisse, welche von gleichem oder ähnlichem Sinngehalt sind. Dies im Gegensatz zu 'Synchronismus', welcher die bloße Gleichzeitigkeit zweier Ereignisse darstellt."[56] Nach ihm waren Synchronizitäten auf Ereignisse zurückzuführen, bei denen die Innenwelt und die Außenwelt, das Subjektive und das Objektive, das Physische und das Psychische sich kurz vereinen. Meine Interpretation ist, dass dem Psychlogen ein von "oben" gelenktes Zufallserlebnis geschenkt wurde, über das er auch schreiben würde. Denn von höherer Seite war schon geplant, dass das Phänomen der Synchronizität, also der Zufallsereignisse, erforscht werden sollte. Somit handelte es sich bei diesem berühmten Zufallsgeschehen um ein geplantes.

Gegner des übernatürlichen Zufallsgeschehens

Nach Charles Darwin ist das Ergebnis, wie die Welt sich heute darstellt, von bloßen Zufällen erschaffen worden. Nichts Übernatürliches hatte seine Hand dabei im Spiel. Alles ist logisch erklärbar. Während der Milliarden irdischer Jahre haben sich durch Zufallsbildung der kleinsten Bausteinchen der Natur alle Lebewesen von den kleinsten Mikroben bis hin zum Elefanten und zum Menschen gebildet. Der Zufall ist also der Schöpfer aller Lebewesen.

Der Physiker Wolfgang Pauli war mit C. G. Jung befreundet und hatte sicherlich von Jung persönlich dessen Ideen über Zufälle vernommen. Vielleicht war er es, der seinen anderen Quantenphysikern den Hinweis gab, wie man nun Zufälle quantenphysikalisch erklären könne. Heute ist das Universum samt Zufällen mittels der Quantenphysik zu erklären. Man hat herausgefunden, dass es an sich keine Zeit und keinen Raum gibt. Richtig! Man weiß, dass die Materie im Grunde so, wie sie von uns wahrgenommen wird, gar nicht existiert. Richtig! Doch hatte man noch um 1900 den Atomkern als das Fundament der Materie begründet, einschließlich den sie umrundenden Elektronen. Die eigentliche Masse der materiellen Substanz, also Atomkern und Elektronen, macht nur ein Millionstel des Raumes aus, der von ihr eingenommen wird. Also besteht der Atomkern samt seiner Elektronen fast aus gar nichts. Doch im

Laufe der nächsten Jahrzehnte fand man immer mehr subatomare Teilchen, so dass man bis heute über zweihundert von ihnen entdeckt hat. Und diese sind relativ wieder so weit voneinander entfernt wie die Sonne zu einer weit entfernten Sonne im Milchstraßensystem, also Millionen von Kilometern. Das heißt, und das verblüffte nun die Wissenschaft, dass selbst im Atomkern keine eigentliche konkrete Masse vorzufinden ist. Man hat errechnet, wenn man die gesamte Urmasse der Atomkerne der Erde zusammenballen könnte, hätte sie nur die Größe eines Tischtennisballs, jedoch das gleiche Gesamtgewicht. Irgendwann wird diese zusammengestauchte Masse in ein schwarzes Loch hineingesogen und kommt am anderen Ende mit dem sogenannten Urknall wieder hervor, wo sie sich zu neuen Sonnen oder Planeten aufbläht. Dr. Froboese stimmt mit dem amerikanische Physiker Prof. Frank Tipler überein, der sagte, dass Gott sozusagen die Singularität ist, die vor dem Urknall existierte. Die Quantenphysiker haben herausgefunden, dass Quanten miteinander verschränkt sind. So diese sich teilen - und mögen sie noch so weit voneinander entfernt sein -, bleiben sie dennoch immer in Verbindung. Diese Verschränkungstheorie hat man auch auf Menschen bezogen. Wenn Seelen einmal miteinander verbunden waren, bleiben sie immer in einer ihnen meist unbewussten Verbindung - quantenphysikalisch ausgedrückt: Sie bleiben miteinander verschränkt.

Auf die Zufallstheorie übertragen heißt das, dass wenn jener oben im Text schon erwähnte Vetter aus Australien seine Kusine in Deutschland anruft, dass sie beim Klingeln des Telefons schon weiß, wer der Anrufende ist. Denn allein seine Gedanken, sie anrufen zu wollen, haben sich über Tausende von Kilometeren ihr mitgeteilt, sodass sie auf einmal weiß, wer sie anruft. Dieses Wissen kann nur darauf begründet sein, dass sie miteinander seelisch - oder auf Teilchen bezogen - zusammengehören. Somit haben Quantentheoretiker und inzwischen auch alle Physiker das Gelbe vom Ei für sich herausgefunden. Alles ist mit der Verschränkungstheorie verbunden, das heißt Zufälle, wie man sie bisher allgemein als etwas Übersinnliches gedeutet hat, gibt es nicht. Das bedeutet, ganz einfach ausgedrückt: Es gibt keine Zufälle. Alle sogenannten Zufälle sind quantenmechanisch zu erklären. Und auch der "Quatsch" mit dem Einwirken von Verstorbenen oder Geistern ist reiner Aberglaube. Denn was man nicht messen kann und in einer Wiederholung nicht als ein gleiches Ergebnis nachzuweisen vermag, ist einfach nicht existent und folglich unwahr.

Auch wenn Kinder Verstorbene sehen und sogar beobachten, wie die verstorbene Großmutter aus der Vase eine Blume herausnimmt und sie dem Kind überreicht, kann so etwas nur der kindlichen Phantasie zuzuschreiben sein. Doch das Quantenlatein hat sein Ende gefunden, wenn die Großmutter auf einmal eine Rose materialisiert und sie der Mutter plötzlich in den Schoß fallen lässt. Hier müssen die Quantentheoretiker noch lange denkerisch arbeiten, um auch solche Zufälle in ihr materialistisches Weltbild einzufügen. Die Verschränkungstheoretiker bleiben meiner Meinung nach in der eigenen selbst erschaffenen Verschränkung. Es wird Zeit, dass der Gordische Knoten der Verschränkung entzweigehauen wird. Ansonsten bleibt die Physik in ihrer Verschränkung verhaftet. Ein Schwert hierzu könnte dieses Buch sein.

Albert Einstein äußerte sich einmal folgendermaßen: "Nach Jahren von Gedanken, Untersuchungen und Überlegungen bin ich zu dem Schluss gekommen, dass es im Universum nur eines gibt, und das ist Energie - jenseits davon ist eine überlegene Intelligenz." Diese bezeichnete er einmal als Gott. Nach einer demoskopischen Umfrage unter amerikanischen Physikern hatte es sich ergeben, dass etwa ein Drittel von ihnen an Gott als dem Schöpfer des Alls glaubt. C. G. Jung hatte sich mehrere Male mit Einstein getroffen. Beide waren überzeugt, dass Naturwissenschaft und Spiritualität sich nicht bekämpfen, sondern Hand in Hand gehen sollten.[57]

Zusammenfassung

Zufall ist nur der Name
für ein unbekanntes Gesetz.
Kybalion

Der Zufall ist eine kausal determinierte "Gegebenheit", deren Ursache meist im Dunkeln liegt. Doch es muss eine Absicht damit verbunden sein. Außer den kleinen, bedeutungslosen Zufällen sollen jene anderen Zufälle uns wachrütteln, uns zeigen, dass es mehr gibt als das, was die Vernunft erfassen kann. Von den eindringlichen Zufällen verteilen sich nach meiner vorläufigen Schätzung

- sechzig Prozent auf das Einwirken von Jenseitigen (inklusive jenseitiger Verwandter und uns anderweitig Nahestehender wie Geistführer oder andere Lichtwesen; dazu kommen jenseitige Neuankömmlinge, die aus Spaß Zufälle kreieren),
- zehn Prozent auf unsere im Jenseits selbst getätigte Planung,
- zehn Prozent auf erdgebundene Verstorbene,
- zehn Prozent auf vibratorische Verschränkungen, bezogen auf Personen und Orte,

- je ein Prozent auf Außerirdische oder das Einwirken von anderen Dimensionen,
- vier Prozent auf Erinnerungen an frühere Leben oder Trauminhalte,
- fünf Prozent auf andere Einwirkungskräfte, zum Beispiel Naturgeister und uns noch unbekannte Quellen.

Hinter diesen bedeutungsvollen Zufällen steckt eine innere Logik, die unsere natürliche Logik übersteigt, infrage stellt - oder gar ganz "auf den Kopf stellt". Warum werden wir durch Zufälle überrascht? Die meisten Zufälle sind eine Brücke zu höherem Bewusstsein und zur Liebe. Sie möchten uns darauf aufmerksam machen, dass das Irdische nicht die einzig geltende Wahrheit ist. Wenn höhere Geistwesen und Verstorbene Zufälle initiieren, wollen sie uns auch wissen lassen, dass wir auf unseren Lebenspfaden begleitet werden. Überraschende Zufälle sind meist auch Liebesgaben, die in uns ein freudiges Erstaunen auslösen. Bei der zufälligen Zusammenführung von Personen geschieht es gemäß der für uns vorgesehenen Lebensplanung. Über neunzig Prozent der Zufälle sind guter Natur. Doch auch negative Zufälle haben eine Bedeutung für uns, die wir herausfinden sollten. Wir sind aufgerufen, über das Wesen von Zufällen nachzudenken.

Jene, bei denen sich die Zufälle häufen, haben sich für das Geschehen von Zufällen geöffnet. Und jene, die die Zufälle in ihrem Leben unbeachtet lassen, ohne über deren Bedeutung für sie nachzudenken, werden mit immer weniger Zufällen bedacht. Denn den Zufallsbereitern macht es keine Freude, wenn die dargebotenen Zufälle nicht oder kaum beachtet werden. Wenn man die Zufälle aber dankbar und mit Freude entgegennimmt, werden die Zufallsermöglicher häufiger Zufälle geschehen lassen. Menschen, die alles Übersinnliche ablehnen, werden also viel seltener mit Zufallsereignissen beschenkt. Hierzu gehören auch die Wissenschaftler, die ganz bei ihren intellektuellen Erklärungen bleiben. Sollten sie aber selbst einmal von einem ungeheuren Zufall überrascht werden, dann werden sie auf einmal aufmerksam und schenken den Zufallsereignissen, die sich dann auch vermehrt zeigen können, mehr Aufmerksamkeit.

Die meisten Zufälle sind schon in die Lebensplanung eingefügt worden, um uns staunen zu lassen und um uns aufzufordern, nach den Ursachen zu forschen. Im Übrigen machen Zufälle unser Leben viel farbiger und abwechslungsreicher. Ich freue mich über plötzliche Zufallsgeschehen. Und wie der Leser in diesem Buch erfahren hat, ist mein Leben gespickt mit Zufällen. Warum wohl? Damit ich schlussendlich dieses Buch schreiben konnte. Und dieses Kapitel beende ich mit einem Satz, den das Medium Heinrich Hrdlicka von seinen Geistfreunden durchgegeben bekommen hat: "Der Zufall in deinem Leben führt dich ins Licht. Der Zufall dient der Erkenntnis des Lichts und der Liebe in allem, was ist."[58]

Was haben die Präsidenten Lincoln und Kennedy gemeinsam?

Das Lincoln-Kennedy-Paradoxon ist fast in jedem Buch über Zufälle zu finden. Warum ich es Ihnen nochmals präsentiere, hat seinen Grund darin, dass ich versuchen werde, die Hintergründe aufzuzeigen, warum diese ungeheuren Parallelen sich ereignen konnten.

Präsident Abraham Lincoln wurde 1846 in den Kongress gewählt. Genau hundert Jahre später wurde John F. Kennedy in den Kongress gewählt. Lincoln wurde 1860 Präsident der Vereinigten Staaten, Kennedy 1960. Beide Präsidenten wurden an einem Freitag von einem Südstaatler in den Kopf geschossen. Beide Mörder wurden noch vor ihrer Inhaftierung erschossen. Die Nachfolger beider Präsidenten hießen jeweils Johnson. Lincolns Mörder erschoss den Präsidenten im Theater. Er lief weg und versteckte sich in einem Lagerhaus. Kennedys Mörder erschoss den Präsidenten aus einem Lagerhaus heraus und versteckte sich in einem Theater. Und zu aller Verblüffung hieß Lincolns Sekretärin mit Nachnamen Kennedy, Kennedys Sekretärin aber Lincoln. Welche jenseitigen Spieler haben sich das wohl ausgedacht? Wenn sie es denn gewesen sein sollten – wie konnten sie im 19. Jahrhundert wissen, was exakt hundert Jahre später auf der politischen Bühne stattfinden sollte? Das alles gibt uns eine schwere Nuss zu knacken. Nun gut. Ich versuche es.

Wir auf Erden leben in der Illusion von Zeit und Raum. Die Jenseitigen, die sich in unserer aller höheren Heimat befinden, kennen nur bedingt Zeit und Raum, denn sie können sich in jede Zeit zurückversetzen, und sie können jegliche Distanz mit Gedankenkraft überwinden. Sie können in Sekundenschnelle oder noch schneller die Erde aufsuchen, und sie sind in der Lage, sich im Nu wieder in ihre Welt zurückzubegeben. Sie brauchen sich nur vorzustellen, wo sie sein wollen, und schon sind sie da. Da sie wissen, dass Zeit und Raum Illusionen sind, können die Geschichtsplaner mit diesen spielen und politische Ereignisse derart planen, dass sich für uns Menschen Verwunderliches ereignet. Diese Planungen werden von höherer Hand durchgeführt. Die Ausarbeiter solcher vorgegebenen Planungen müssen diese strikt einhalten und die Details austüfteln. Doch hin und wieder reizt es sie, aus einem Spieltrieb heraus, kuriose Abweichungen hineinzustreuen zur Verblüffung der Menschen. Und an eingebastelten Zufallsereignissen haben sie ihren besonderen Spaß. Können Sie mir noch folgen? Nun denn. Alles, was auf Erden geschieht, ist vorab geplant. Nichts, aber auch gar nichts wird dem Zufall überlassen. Und alles ist aus höchsten Erwägungen geschehen - auch jedes politische Großereignis. Und jene im Großen Planenden sind oft auch Witzbolde, die solche Zufallsspielchen in die Planungen einbauen. Oder handeln sie dabei auch auf höhere Anweisung? Vielleicht sollen die Menschen, so sie aufgeweckt und interessiert genug daran sind, zum Nachdenken gebracht werden, wieso es so und nicht anders gekommen ist. Wieso muss ein kleiner, aus Korsika stammender Bürger mittels vieler Zufälle die halbe europäische Welt erobern? War das alles von "oben" geplant? War da eine Vorsehung im Spiel? Was wird da eigentlich von höherer Seite im Welttheater gespielt? Es ist nicht immer erquicklich, hinter die Vorhänge zu schauen. Und, so man etwas entdeckt, ist es denn da angebracht, darüber anderen etwas, wenn auch dosiert, mitzuteilen? Wer spielt eigentlich mit mir? Spielt auch manchmal jemand mit Ihnen?

Doch nun zurück zu den Parallelen zwischen Lincoln und Kennedy. Die Planer von Kennedys Leben haben es in vielem dem Muster von Lincolns Leben angepasst. Sie haben dabei sicherlich im Sinn gehabt, den über diese Zufälle Grübelnden ein Rätsel aufzugeben. Dieses berühmte Lincoln-Kennedy-Paradoxon müsste eigentlich jeden - auch die, die allem Übernatürlichen skeptisch oder gar ablehnend gegenüberstehen - zum Nachdenken anregen. Ich möchte dem Leser Zeit geben, über dieses geschichtliche Paradox nachzudenken. Eine Erklärung dazu ist im Anhang zu finden.

Nachwort

Zufall ist nur der Ausdruck
unserer Unfähigkeit, den Dingen
auf den Grund zu kommen.
Albert Einstein

In diesem Buch habe ich Ihnen, liebe Leser, viele harte Nüsse zum Knacken präsentiert. Alle meine Bücher dienen der Bewusstseinserweiterung. Das bezieht sich nicht nur auf meine Sachbücher hinsichtlich Reinkarnation und Karma, sondern auch auf mein literarisches Schaffen, handele es sich dabei um Romane oder Dramen. Und die folgenden Worte, die Professor Raimund Moody äußerte, hätten auch die meinen oder vielleicht auch die Ihren sein können: "So gut ich kann, möchte ich mich immer weiterentwickeln auf dem Gebiet der Nächstenliebe, der Wissensvermehrung und der Zunahme an Weisheit."[63]

Dieses Buch wurde im Juli 2014 in Acapulco/Mexiko begonnen, im Dezember auf der französischen Insel Mayotte im Indischen Ozean fortgesetzt und am 28.01.2015 auf der Andamaneninsel Havelock beendet.

Anmerkungen

1. *Der Dichter ist der Menschheit Brunnen,* in dem gleichnamigen Gedichtband
2. Ich habe darüber einen Roman geschrieben: *T&F, ein Roman über die Dichtung und die Liebe*
3. *Anhalter um die ganze Welt,* Band 1 von Berlin bis Tahiti
4. *Per Anhalter um die ganze Welt,* Band 2: Von der Osterinsel bis Westafrika *Reise zu den Geistern Afrikas*
6. *Reise ins spirituelle Afrika (Hinweis: Meine Romane sind über* mail@trutzhardo.de *oder über Amazon zu beziehen.)*
7. Andrija Puharich: *URI*, London 1974
8. Arthur Garside: *Ich bin das Licht - die allumfassende Liebe,* Neuwied 1989
9. *Das große Handbuch der Sexualität,* Güllesheim 2004
10. Ian Stevenson: *Reinkarnationsbeweise*, Grafing 1999
11. Kenneth Ring/Sharon Cooper, a. a. O., S. 90 ff.
12. Gina Germinara: *Erregende Zeugnisse von Karma und Wiedergeburt,* TB München 1986
13. Shirley MacLaine: *Zwischenleben,* München 1986
14. Uri Geller: *Mein wunder-volles Leben. Die Autobiographie eines Megastars,* Neuwied 1995
15. Elisabeth Kübler-Ross: *Lebe jetzt und über den Tod hinaus,* Güllesheim 2012
16. Bernd Harder: *Warum die Uhr stehen blieb, als Opa starb*, a. a. O., S. 37
17. Trutz Hardo: *Mörder im Taxi*, Berlin 1994
18. Doro Kasten: *Das Leben ist kein Zufall*, a. a. O., S. 116 f.
19. James van Praagh: *Ihr seid nicht allein*, a. a. O., S. 163

20. Johannes v. Buttlar: *Gottes Würfel - Schicksal oder Zufall*, a. a. O., S. 21 f.
21. Martin Plimmer/Brian King: *Unglaublich aber wahr*, a. a. O., S. 214 f.
22. Mira Coudris: *Im Trance-Dialog mit C. G. Jung*, Neuwied 1988 ff.
23. Trutz Hardo: *Fit sein für ein spirituelles Leben*, Güllesheim *2015*
24. C. Moolenburgh: *Warum es keinen Zufall gibt,* a. a. O., S. 196
25. Elmar Gruber: *Nostradamus*, a. a. O., S. 361
26. James van Praagh: *Im Himmel zu Hause*, a. a. O., S. 122 f.
27. Bernd Harder: *Warum die Uhr stehen blieb, als Opa starb*, S. 164 f.
28. Gustav Büscher: *Buch der Wunder*, a. a. O., S. 108 und 300 f.
29. Genelle Guzman/William Croyle: *Ich war 27 Stunden verschüttet - Engel gibt's wirklich. Eine wahre Geschichte*, Gießen 2012
30. Michael Newton: *Die Reise der Seele*, Wettswil 2010, 10. Aufl.
31. *Das große Handbuch der Reinkarnation - Heilung durch Rückführungen*, Güllesheim 2011, 4. Aufl., und *Das große Karmahandbuch - Wiedergeburt und Heilung*, Güllesheim 2009, 3. Aufl.
32. *Die Ursachen von Ängsten und Phobien - und wie man sich von ihnen befreit,* Güllesheim 2014
33. Eine Liste der von Sinaida und mir ausgebildeten diplomierten Rückführungsleiter findet man unter www.trutzhardo.de, unter Links.
34. Trutz Hardo: *Leiden heißt nicht wissen,* Güllesheim 2011
35. Karl Friedrich Werkmeister: *Myrikos*, Neuwied 1996
36. Max Seiling: *Goethe als Esoteriker*, Neuwied 1999
37. Bei der Zitierung der Verse beziehe ich mich auf das Buch von Kurt Allgeier *Nostradamus*, München 1982
38. Coral Polge: *Ich male die Gesichter von Verstorbenen*, Neuwied 1986
39. Wikipedia
40. Elisabeth Mardorf: *Das kann doch kein Zufall sein,* a. a. O., S. 123 f.
41. Allan Combs/Mark Holland: *Die Magie des Zufalls,* a. a. O., S. 182
42. Robert A. Monroe: *Der Mann mit den zwei Leben*, TB München 2005
43. Wilhelm von Scholz, a. a. O., S. 30 f.
44. Nachzulesen in Ulrich Warnkes Buch *Quantenphilosphie und Interwelt*, a. a. O., S. 81 f.
45. Eine genauere Anweisung ist in meinem *Buch Fit sein für ein spirituelles Leben* zu finden, Güllesheim 2015

46. Kuki Gallmann in *Afrikanische Nächte*, München 1999, S. 177

47. Wiedergegeben in Timon von Berlepsch: *Der Magier in dir*, a. a. O., S. 137 f.

48. Michael Hesemann: *Geheimsache UFO*, Neuwied 1996

49. Billy Meier: *Die Wahrheit über die Plejaden*, Neuwied 1996

50. www.arcturi.com/.../BillyMeierAndPleiadians.html

51. Elisabeth Klarer: *Jenseits der Lichtmauer*, Wiesbaden 1978

52. Jay Goldner: *E.T. hat geantwortet,* Güllesheim 2002

53. Silvia Brown: *Von Geistern, Spuk, Gespenstern und dem Wiedersehen im Jenseits*, TB München 2004

54. Moolenburgh, a. a. O., S. 196

55. C. G. Jung: *Gesammelte Werke*, 8. Band, S. 497

56. C. G. Jung: *Gesammelte Werke*, 8. Band, S. 500 f.

57. Plimmer/King, a. a. O., S. 77 ff.

58. Heinrich Hrdlicka, a. a. O.

59. Kirby Surpris, Synchronicity, a. a. O., S. 25, 127 und 265

60. Plimmer/King, a. a. O., S. 179

61. Plimmer/King, a. a. O., S. 213 f.

62. Elisabeth Kübler-Ross: *Lebe jetzt und über den Tod hinaus*, Güllesheim 2010

63. Raimund Moody: *Nachgedanken über das Leben nach dem Tod*, Reinbeck 2002, S.140 f.

64. Michale Drosnin: *Der Bibel-Code*, München 1997, a. a. O., S. 15 f.

65. James van Praagh: *Ihr seid nicht allein*, München 2010, S. 145

66. Gordon Smith: *Mein Blick ins Jenseits - Begegnungen mit Verstorbenen*, TB Berlin 2009

67. James van Praagh: *Geister sind unter uns,* TB München 2012, S. 187

68. Trutz Hardo: *Ich hab schon mal gelebt. Kinder beweisen ihre Wiedergeburt,* Güllesheim 2014, S. 20 f.

69. Erlendur Haraldsson: *Miracles are my visiting cards*, Bangalore 2006

70. Trutz Hardo. Siehe www.trutzhardo.de und dann Publikationen.

71. *Astrologie. Wissenschaft oder Aberglaube?* (mit David Nias), List, München 1982

Literaturverzeichnis

Timon von Berlepsch: *Der Magier in dir*, München 2014

Gustav Büscher: *Buch der Wunder*, Berlin 1952

Johannes von Buttlar: *Gottes Würfel - Schicksal oder Zufall,* München 1992

Allan Combs und Mark Holland: *Die Magie des Zufalls,* Reinbek 1992

Rolf Froboese: *Die geheime Physik des Zufalls*, BoD, Norderstedt 2008

Uri Geller: *Mein wunder-volles Leben,* Neuwied 1995

Elmar Gruber: *Nostradamus*, Bern 2003

Bernd Harder: *Warum die Uhr stehenblieb, als Oma starb*, München 2010

Lothar Hollerbach: *Der Quantencode - Heilung und Selbstheilung durch die Urenergie*, München 2012

Heinrich Hrdlicka: *Der Zufall und seine Gesetzmäßigkeit,* Güllesheim 2011

C. G. Jung: *Gesammelte Werke*, Olten 1971

Doro Kasten: *Das Leben ist kein Zufall*, München 2002

Elisabeth Mardorf: *Das kann doch kein Zufall sein!* München 1997

Hans C. Moolenburgh: *Warum es keinen Zufall gibt,* Grafing 2011

Michael Newton: Journey of Souls, St. Paul, MN 1995

Martin Plimmer/Brian King: *Unglaublich aber wahr,* Bergisch Gladbach 2008

James van Praag: *Im Himmel zu Hause*, TB München 2014

James van Praag: *Ihr seid nicht allein*, München 2010

Kenneth Ring/Sharon Cooper: *Wenn Blinde sehen - Mindsight*, Duderstadt 2011

Wilhelm von Scholz: *Der Zufall und das Schicksal*, Berlin 1924

Kirby Surprise: *Synchronicity*, Pompton Plains, NJ 2012

Kurt Tepperwein: *Nichts geschieht umsonst*, Güllesheim 2013

Ulrich Warnke: *Quantenphilosphie und Interwelt,* Berlin 2013

Anhang

Die Lösung des Lincoln-Kennedy-Paradoxons

Es gibt eigentlich keine Zeit. Alles ist im Hier und Jetzt. Die Planer der Weltgeschicke kreieren geschichtliche Ereignisse. Sie haben sich ausgedacht, parallele Ereignisse und Namen aus der Geschichte um den Tod Lincolns in die geschichtlichen Ereignisse um die Ermordung Kennedy zu transponieren. Da es keine Zeit gibt, haben sie eine Zeitschablone aus dem Leben des Präsidenten Kennedy genommen und sie über die Zeitschablone des Präsidenten Lincoln gehalten. Nun kopierten sie aus der unteren in die obere Parallelität hinein - und zwar nicht nur die Daten von 1846 und 1946 sowie 1860 und 1960, sondern auch die Namen der Sekretärinnen in umgekehrter Reihenfolge. Sie kopierten den Nachnamen des Nachfolgers von Lincoln und verpassten ihn dem Nachfolger von Präsident Kennedy. Auch die Ähnlichkeiten beim Hergang des Mordes samt der Todesschützen wurden genau ausgeklügelt. Das heißt auch, dass Kennedys Nachfolger in seinen Lebensplan schon eingeschrieben bekam, dass er einmal das Präsidentenamt übernehmen würde. Die jenseitigen Arrangeure der Zufälle wussten, wie sie das Leben von Lyndon Baines Johnson so zu lenken hatten, dass er den Weg ins Weiße Haus finden würde. Und ebenfalls mussten sie die Sekretärin mit dem Namen Lincoln ins Weiße Haus leiten, da alles ja schon so vorgezeichnet war. Wenn man darüber nachdenkt, kann man also schlussfolgern, dass es eigentlich keine bedeutungslosen Zufälle sind, sondern dass alles nach einer ausgeklügelten Planung verlief.

Der Grund für diese scheinbar zufälligen Parallelen ist darin zu finden, dass sie jene Menschen, die diese Parallelen entdecken, stutzig machen sollen. Sie sollen sich fragen, wie dies wohl alles zusammenhängen könnte. Oder: Wer hat das so arrangiert? War es Gott? Der nach Wahrheit Suchende wird aufgefordert, nach den Hintergründen dieser Parallelen wie auch überhaupt nach den Geheimnissen des Lebens zu forschen.

Die im großen Umfang als Zufälle in das menschliche Erleben eingefädelten Ereignisse geschehen von höherer Hand. Die kleineren Zufälle überlässt man mit zwinkerndem Auge anderen, da sie die größeren Zufallsbereiter imitieren wollen und im Kleinen den Menschen Zufälligkeiten zu deren Erstaunen bereiten, geben doch selbst solche jenen genug Anlass, sich zu verwundern und nachzudenken.

Es ist kein Haar auf eines Menschen Haupt,
das bei Gott nicht gezählet sei.

Jesus

Und was war seine Hauptbotschaft? LIEBE

Über den Autor

Viele kennen Trutz Hardo aus dem Fernsehen, wo er in Live-Sendungen Personen erfolgreich in ihre früheren Leben zurückgeführt hat. Seine Rückführungsseminare finden mit Teilnehmern aus ganz Europa statt. Der Autor lebt in Berlin und arbeitet überall auf der Welt.
www.trutzhardo.de

144 Seiten, inkl. CD,
broschiert
ISBN 978-3-89845-314-1
€ [D] 16,95

Trutz Hardo

Fit für ein spirituelles Leben

Ein kompakter und doch umfassender Ratgeber für alle, die nach dem Sinn des Lebens fragen und ergründen wollen, warum sie auf dieser Welt sind, was der Sinn ihres Lebens und des irdischen Daseins überhaupt ist.
Sie haben sich vorgenommen, sich auf Erden für höhere Wahrheiten zu öffnen und immer mehr den Sinn des Lebens ergründen zu wollen. Dieses Buch beschäftigt sich mit dem Wesen von Spiritualität, der jenseitigen Welt und der Rückführungstherapie mit ihren Wirkungsmöglichkeiten.
Die beiliegende CD mit drei Meditationen ist eine wertvolle Ergänzung zum Buch und hilft Ihnen auf dem Weg zu einem erfüllteren sowie harmonischeren Leben.

392 Seiten, Flexocover
ISBN 978-3-89845-447-6
€ [D] 19,95

Trutz Hardo

Frei von Ängsten und Phobien

Ursachen aufdecken und auflösen
Rückführung als neuer Weg in der Angsttherapie

Ängste und Phobien, die den Alltag vieler Menschen belasten, zu lösen – das versuchen Therapeuten häufig mit nur bedingtem Erfolg. Der erfahrene Rückführungstherapeut Trutz Hardo deckt die eigentlichen Ursachen der Ängste auf, die meistens in früheren Leben zu finden sind. Mit seiner Methode der Angsttherapie werden die Ängste und Phobien im Kern aufgelöst. Dabei geht er auf nahezu alle bekannten Angststörungen ein und zeigt, dass es möglich ist, sich durch das Auflösen der Ursachen schnell und wirkungsvoll von ihnen zu befreien und sich für immer von seinen Ängsten zu verabschieden.

152 Seiten, broschiert
ISBN 978-3-89845-397-4
€ [D] 12,95

Trutz Hardo

Hab keine Angst vor dem Tod

Was die Forschung herausgefunden hat

Die Frage nach dem, was nach dem Tod kommt, beschäftigt uns alle und wir fragen uns, ob er das Ende ist, ob es ein Leben nach dem Tod gibt und wie dieses aussieht. Trutz Hardo zeigt uns hier auf beeindruckende Weise, dass es nach dem Tod weitergeht. Er präsentiert die erstaunlichen Ergebnisse der Nahtodforschung bekannter Ärzte wie Elisabeth Kübler-Ross und Raymond Moody und schildert auch die bewegenden Nahtoderlebnisse vieler Menschen. Dieses Buch gibt einen Überblick über die Forschungsergebnisse auf dem Gebiet des klinischen Todes, die beweisen, dass der Tod nicht das Ende ist …

232 Seiten, broschiert
ISBN 978-3-89845-430-8
€ [D] 14,95

Trutz Hardo

Ich hab schon mal gelebt

Kinder beweisen ihre Wiedergeburt

Kinder haben oft erstaunliche Erinnerungen an ihre früheren Leben. Das Band zu ihrem letzten Leben ist noch nicht vollständig zerschnitten und das Vergessen hat noch nicht eingesetzt. Und so berichten gerade kleine Kinder oftmals erstaunliche Details aus ihrem früheren Leben – Details, die sie gar nicht wissen könnten, hätten sie diese nicht selbst erlebt.
Entdecken Sie in diesem Buch eine Fülle an Berichten, in denen Kinder uns an ihren Erinnerungen an frühere Leben teilhaben lassen. Die Geschichten der Kinder und deren Überprüfung durch bekannte Wissenschaftler beweisen, dass Kinder etwas wissen, das viele Erwachsene längst vergessen haben: Wir leben nicht nur einmal.

208 Seiten, broschiert
ISBN 978-3-89845-343-1
€ [D] 14,90

Edelgard Friedrich

Waren wir verabredet?

Wie Kinder ihre Eltern wählen

Die Beziehung zwischen Eltern und Kindern wird leichter, wenn sie erkennen, dass sie sich bereits aus früheren Leben kennen und der Begegnung vor der Geburt zugestimmt haben – mit dem Ziel, dass beide dabei in ihrer Entwicklung vorankommen mögen.
Die Psychoanalytikerin Edelgard Friedrich fächert an zahlreichen Fallbeispielen problematische Eltern-Kind-Beziehungen auf und lässt den Leser die Konflikte in einem neuen Licht sehen. Die Frage »Waren wir verabredet?« werden Betroffene nach der Lektüre dieses Buches daher sicherlich mit »zum Glück« beantworten.

272 Seiten, broschiert
ISBN 978-3-89845-254-0
€ [D] 14,90

Vadim Tschenze

Übersinnliche Phänomene

Mystische Begebenheiten aus der Anderswelt

Fast jeder hat in seinem Leben schon einmal etwas Unheimliches erlebt, wofür es scheinbar keine Erklärung gibt ... In seinem neuesten Buch sammelt Bestsellerautor Vadim Tschenze zahlreiche solcher Erfahrungen, die er selbst erlebt hat oder von denen ihm Kunden in seiner Praxis berichtet haben. Zu jedem Ereignis gibt er auf seine gewohnt pragmatische Art eine aufschlussreiche Erklärung und liefert so Antworten auf viele Fragen, ohne dem Thema jedoch seine geheimnisvolle Faszination zu rauben ...

160 Seiten, gebunden
ISBN 978-3-89845-516-9
€ [D] 12,95

Bärbel Mohr

Bestellungen beim Universum

Ein Handbuch zur Wunscherfüllung

Bärbel Mohr zeigt dir, wie du dir den Traumpartner, den Traumjob oder die Traumwohnung u.v.m. beim Universum „bestellen" kannst. Sie bringt dir bei, auf deine innere Stimme zu hören, und beweist, dass du wirklich alles bekommen kannst, was du dir wünschst! Ihre Rezepte zur Erfüllung der kleinsten und größten Wünsche helfen dir, dein Leben im Großen wie im Kleinen viel positiver zu gestalten, damit du die Wunschbestellung erfolgreich abschicken kannst und die georderte Lieferung auch in vollem Umfang erhältst.

296 Seiten, broschiert
ISBN 978-3-89845-445-2
€ [D] 14,95

Vadim Zeland

Transsurfing – Lenker der Realität

Die Antworten

TransSurfing fasziniert seit Jahren Tausende begeisterter Leser. Lenker der Realität ist auf Grundlage von Leserbriefen entstanden. Jegliche Fragen, die noch offen sind, klärt Vadim Zeland in diesem Buch. Warum funktionieren die bekannten Visualisierungsmethoden manchmal sehr gut und in anderen Fällen nicht? Der Grund dafür ist ein fehlendes Teil in der Kette, ohne das alle spirituellen Praktiken Zeitverschwendung sind.
Dieses Buch verrät Ihnen, was das fehlende Teil ist. Wenn Sie den Schlüssel zur Steuerung der Realität erhalten haben, entdecken Sie eine Welt, in der das Unmögliche möglich wird.

176 Seiten, broschiert
ISBN 978-3-89845-412-4
€ [D] 12,65

Kurt Tepperwein

Nichts geschieht umsonst

Die Sprache des Lebens verstehen

Alles, was uns begegnet, und alles, was uns widerfährt, sind Botschaften des Lebens, die uns etwas Wichtiges mitzuteilen haben. Das Leben spricht ständig zu uns, allerdings müssen wir die Sprache des Lebens erst erlernen. Wenn Sie diese Sprache beherrschen, ist es Ihnen sogar möglich, die Botschaften des Lebens gezielt abzufragen. Sie können alle Erfahrungen und die verschiedensten Arten von Hinweisen optimal für sich nutzen, um ein erfolgreiches, erfülltes und gesundes Leben zu führen. Ein Buch, das sich mit allen Alltagsthemen auseinandersetzt und keine Fragen offenlässt.

128 Seiten, durchg. farbig, gebunden
ISBN 978-3-89845-487-2
€ [D] 12,95

Elisabeth Kübler-Ross

Sterben und leben lernen

Antworten über den Tod und das Leben

Die weltberühmte Sterbeforscherin Elisabeth Kübler-Ross nimmt dem Tod seinen Schrecken und zeigt uns, wie wir uns mit dem Sterben anfreunden können.
In einem berührenden Interview gibt sie Antwort auf Fragen zum Umgang mit Sterbenden und Angehörigen, zum Verlust eines mir Nahestehenden und zum eigenen Tod.
Ihre einfühlsame Auseinandersetzung mit dem Sterben hilft uns, den Tod als selbstverständlichen Teil des Lebens zu sehen. Hat der Tod erst seinen Schrecken verloren, so können wir befreit und ohne Angst im Hier und Jetzt leben.

184 Seiten, broschiert
ISBN 978-3-89845-446-9
€ [D] 12,95

Christian Scheurer

Wünsche wirklich wollen

Mythos und Praxis

Wir alle haben Wünsche, die wir gerne erfüllt sehen würden. Doch die wenigsten von uns bekommen, was sie beim Universum bestellt haben.
Erfolgscoach Christian Scheurer geht in diesem Buch auf die Nichterfüllung von Wünschen ein und zeigt, welche Elemente der Verwirklichung unserer Wünsche im Weg stehen. Auf einzigartig lockere Art und Weise zeigt er, wie jeder das Kunststück hinbekommt, diese Hindernisse auszuräumen – wenn er es nur richtig angeht. Mit Christian Scheurers leicht verständlichen Schritt-für-Schritt-Anleitungen gelingt es auch Ihnen, dass Ihr Wunschknoten endlich platzt!

176 Seiten, 2-fbg., broschiert
ISBN 978-3-89845-467-4
€ [D] 12,95

Franziska Krattinger

Woran Pechvögel hängen und worauf Glückspilze aufbauen

Alles beginnt klein und endet groß

Wir bestimmen unser Leben aus der Kraft unserer Gedanken und Gefühle. Doch wir sind oft in Denk- und Gefühlsgewohnheiten gefangen.
Franziska Krattinger beschreibt die Stolpersteine, genannt Gewohnheiten, und zeigt die Lösungen dazu. Die Möglichkeiten zur Verbesserung unseres Lebensgefühls sind verblüffend einfach, wirkungsvoll und für jedermann leicht anzuwenden ...
Ein kleines Buch mit großer Wirkung, da es die Kraft des positiven Denkens in uns entfacht!